세움
문학
03

2021 세움북스 신춘문예 작품집

단편 소설 · 수필

KB190685

세움북스는 기독교 가치관으로 교회와 성도를 건강하게 세우는 바른 책을 만들어 갑니다.

세움 문학 3

2021 세움북스 신춘문예 작품집

단편 소설 · 수필

초판 1쇄 인쇄 2021년 7월 20일
초판 1쇄 발행 2021년 7월 23일

지은이 | 권영진 외 12인
펴낸이 | 강인구

펴낸곳 | 세움북스
등 록 | 제2014-000144호
주 소 | 서울시 종로구 삼일대로 428 낙원상가 5층 500호
전 화 | 02-3144-3500
팩 스 | 02-6008-5712
이메일 | cdgn@daum.net

교 정 | 류성민
디자인 | 참디자인

ISBN 979-11-91715-04-0 (03230)

* 이 책은 신저작권법에 의하여 국내에서 보호를 받는 저작물입니다.
출판사의 협의 없는 무단 전재와 무단 복제를 엄격히 금합니다.
* 책값은 뒤표지에 있습니다.
* 잘못된 책은 교환하여 드립니다.
* Photo by FreepiK

세움 문학 03

2021 세움북스 신춘문예 작품집

단편소설 · 수필

권영진	김일환
김기범	박희찬
김영웅	정진호
김지만	김수민
김동기	박명수
조요한	이혜정
	최현락

세움북스

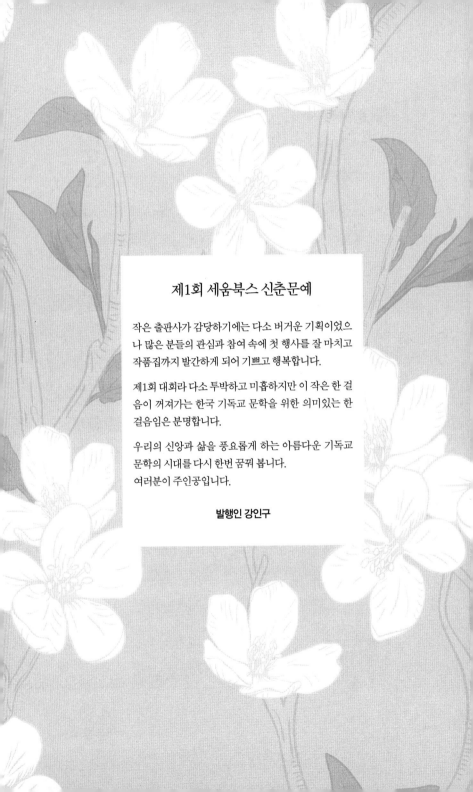

제1회 세움북스 신춘문예

작은 출판사가 감당하기에는 다소 버거운 기획이었으나 많은 분들의 관심과 참여 속에 첫 행사를 잘 마치고 작품집까지 발간하게 되어 기쁘고 행복합니다.

제1회 대회라 다소 투박하고 미흡하지만 이 작은 한 걸음이 꺼져가는 한국 기독교 문학을 위한 의미있는 한 걸음임은 분명합니다.

우리의 신앙과 삶을 풍요롭게 하는 아름다운 기독교 문학의 시대를 다시 한번 꿈꿔 봅니다.
여러분이 주인공입니다.

발행인 강인구

차례

2021 제1회 세움북스 신춘문예

수필 총평

심사 위원 송광택 목사

(출판 평론가, 한국교회 독서문화 연구회 대표)

수필은 어느 문학 형식보다 친숙하고 친밀하며 자연스럽게 읽히는 것이 특징이다. 소설이나 시 그리고 희곡이 인물이나 이미지 그리고 행동을 통해 그 주제를 간접적으로 제시한다면, 수필은 직접적으로 제시한다. 작가가 독자를 앞에 놓고 조곤조곤 이야기하듯 내용을 말해 준다. 또한 수필은 특별한 형식이 없이 자유롭다. 이것은 정해진 규범이 없다는 의미이기도 하다. 그렇다고 해서 구성(짜임새)을 무시해서는 안 된다. 형식을 따르지 않음데도 질서가 있고 어그러지지 않은 정갈함을 갖고 있어야 한다. 글을 쓰는 방식에 있어서도 서사, 묘사, 설명, 묘사가 모두 쓰일 수 있다.

수필은 제재가 다양하고 광범위하여 인생이나 자연 등 세상의 무엇이나 다 소재가 될 수 있는 문학이다. 뿐만 아니라 수필은 개성적이며 자기고백적인 글이다. 글쓴이의 심정, 개성, 취미, 지식과 이상, 인생관 등이 생생하고 적나라하게 드러나기 때문이다. 글의 서술은 일인칭의 경험을 토대로 자기 생활을 그려내는 글이다. 더 나아가 수필은 심미적이며 철학적인 글이다. 작가의 심미적 안목과 철학적 사색의 깊이가 드러나는 글이기 때문이다.

40여 편의 응모 작품을 살펴보면서, 세 가지 기준으로 평가하였다. 첫째, 내용의 진솔함과 공감력이다. 둘째, 구성의 일관성이다. 셋째, 표현의 우수성이다. 일부 작품은 원고 분량의 기준 등 기본적 요건에 부적합하여 심사에서 제외되었다. 심사자는 심사 대상이 된 35편의 작품을 필자의 프로필을 삭제한 상태에서 공정하게 평가하고자 노력했다. 수필은 누구나 쓸 수 있는 비전문적인 글이다. 그러나 사물에 대한 깊은 통찰력과 개성이 드러나는 글이기도 하다. 서정적 수필의 경우 감성적, 주관적 성격을 지니며 주제보다 사색이 주가 되는 글이다.

응모 원고 중 다수가 개인의 성장 과정에서 경험한 일, 신앙의 세계로 입문하게 된 과정, 목회자나 사모가 한 사람의 신앙인으로서 겪는 갈등과 고민 그리고 결단 또는 소망을 담고 있다. 잔잔한 울림을 주는 글들도 있었고 미소 짓게 하는 일화를 접하기도 했다. '수필가'로서의 가능성이 엿보이는 자질을 발견하기도 해서 심사자로서 보람을 느꼈다.

그러나 응모 원고에서 보이는 부족한 점을 몇 가지 언급하고자 한다. 첫째, 글쓰기의 기본을 갖추지 못한 글들이 있었다. 예를 들면 문단(단락) 나누기를 하지 않은 글이다. 둘째, 개인적인 간증을 들려주지만 수필로서의 문학성이 떨어지는 글들도 여럿 있었다. 셋째, 생각(사고)의 깊이나 공감 형성에서 부족한 글들도 있었다.

수필 심사 결과, 대상 없이 우수상 한 작품과 가작 두 작품을 선정하였다. 우수상 수상 작품인 「서시」는 오랜 기간의 수련을 거치며 글을 쓴 내공이 드러나는 수작이다. '신정론'이라는 다소 무거운 신학 용어가 등장하고 '포월자'처럼 각주가 필요한 학술 용어도 사용하지만, 일정한 품격을 유지하면서, 복음과 섭리 그리고 은혜에 대해 다시 묵상하도록 이끈다.

가작 「뭔지, 먼지」는 호기심을 일으키는 독특한 제목을 단 '현장 목회자'의 글이다. 개척 10년차의 목회자가 코로나19의 상황 가운데 '공사 현장'의 먼지를 마시며, 어둠 속 빛을 보는 희망을 이야기한다.

　가작 「곁 사람」도 개척 5년 차 목회자의 글이다. 또한 3년 차 자비량 목회자로서 카페 교회를 섬기는 일상을 소개하면서, 그리스도의 향기와 편지가 되고 싶은 소박한 꿈을 전한다.

　이번 수필 심사에서 비록 대상을 내지 못해 아쉽지만, 좋은 글을 쓸 수 있는 달란트를 가진 분들이 많이 숨어 있다는 확신을 갖게 되었다. 우수상과 가작에 선발된 작품을 쓰신 분들에게 축하의 박수를 보낸다.

2021 제1회 세움북스 신춘문예

소설 총평

심사 위원 박찬호

(소설가)

일반 잡지나 신문 등의 연례행사도 아니고, 한 출판사에서 공모전을 여는 것은 대단히 의미 있는 일이다. 응모자들 자기만의 솜씨로 한자 한자 메워 응모한 작품들을 읽으면서 다소 부족함도 느꼈지만, 다른 한편으로는 위로를 받을 수 있었다. 그것은 작품 한편 한편이 꺼지지 않고 살아 있는 한국 기독교 문학의 불씨라고 보았기 때문이다. 그 때문에 응모 원고를 소중하게 다루면서 애정을 가지고 읽어나갔다. 그리고 대상작이 나오기를 애타게 기다렸다. 그러나 다른 신문이나 잡지에서 심사할 때도 느끼는 일이지만, 이야기로서는 무흠한데 그것이 흠인 경우가 있었다. 소설은 '이야기' 이상이어야 하기 때문이다.

그리고 또 한 가지, 문학적 가능성은 확인되나 맞춤법과 문장 구성의 기초가 제대로 되어 있지 않은 작품은 참으로 곤란했다. 문학이 언어를 매개로 한 예술이라면 맞춤법, 문장 구성, 원고 분량 등 기초부터 하는 것이 첫 번째 순서일 것이다.

20여 편의 응모작 중 일차로 네 편의 작품을 최종심에 올렸다. 「광야의 사람들」은 성경 속에서 바람직한 기독교 공동체의 모습은 어떤 모습일까를 소설로 형상화 했다. 많은 연구의 흔적이 작품 곳곳에 나타났지만 특별함이 조금 부족했다. 「목사 ver. 2.0」은 AI 목사와 교회 이야기를 소재로 한 미래 교회 이야기다. 소설로서, 구성은 다소 부족했지만 실험적이고 참신 했다. 미래의 가능성을 보고 이들 두 작품을 대상작 없는 우수작으로 선정한다.

가작으로 선정된 「인간, 영적인 존재」는 아프리카 오지의 한 부족을 통해 인간의 영적 기원을 찾아가는 과정을 그리고 있다. 조금만 더 노력하면 새로운 기독교 소설의 영역을 개척할 것이란 생각이 드는 작품이다. 「이야기 요나」는 기독교 소설의 전형을 보여준다. 그러나 새롭지 않은 것이 흠이다.

일단 최종심에 오른 작품은 일정 수준에 올랐다고 해야 하겠지만, 또 다른 한편으로는 그 껍질을 깨뜨리지 못하는 한계를 스스로 갖고 있다. 각자의 자리에서 더욱더 분발하여 제2회 세움북스 신춘문예에서는 대상작을 만나볼 수 있기를 기대해 본다.

1

—

단편 소설

단편 소설
우수작

광야의 사람들

권영진

사내는 눈을 가늘게 뜨고 하늘을 올려다봤다. 햇빛을 가릴만한 곳이 거의 없는 황량한 광야 위로 한낮의 햇볕이 뜨겁게 내리쬐고 있었다. 계속 햇볕에 있게 된다면 곤란한 상황이 되겠지만, 아라바 바다(지금의 사해)에서부터 불어오는 건조한 바람 덕분에 습도가 매우 낮아 그늘에 있으면 견딜 만했다. 그렇지만 기본적으로 바위투성이의 광야 지역인 이곳은 사람이 살기에 그리 적합한 곳은 아니었고, 가장 가까이에 있는 제대로 된 식수원인 '페쉬카 샘'도 남쪽으로 족히 2밀리온(약 3Km)은 떨어져 있어서 더욱 살기에 불편했다.

그럼에도 사내가 있는 곳은 적지 않은 사람들이 거주하고 있었다. 사내가 바위 그늘에 앉아 하늘을 바라보고 있는 동안에도 오고가는 사람들은 대부분 그에게 인사를 건네며 밝게 웃어주었다. 이들은 주로 예루살렘을 포함한 남부 유대 지역 출신의 사람들인데 친족도 아니고 출신 성분도 다들 다른 사람들이었다. 사내 역시 이곳에 오기까지는 이들과 전혀 관련이 없는 사람이었다.

도시는 멀고, 모래와 자갈투성이의 광야와 그 사이에 솟은 바위산들이 대부분인 이런 지역까지 와서 산다면, 그들은 보통 출신이 불투명하거나 죄를 짓고 떠돌아다니는 사람들 혹은 도시 지역에서 살 수가 없는 가난한 빈민들인 경우가 많았다. 그런데 이곳에서 사는 사람들 중에 그런 사람들은 없었다. 오히려 이들의 상당수는 예루살렘 성전에서도 꽤나 중요한 자리를 맡았을만한 율법에 정통한 학식 있는 사람들이었고, 그 중에는 적지 않은 재산을 소유하고 있는 이들도 많았다. 그런데도 그것들을 다 포기하고서 이곳에 왔고 자신들의 소유를 다 팔아 여기에 있는 사람들과 함께 나누며 살아가고 있는 것이다. 다른 모든 사람들도 자신의 의지에 따라 자발적으로 여기에 온 사람들이었다.

'나도 평범하지는 않지만, 여기 사람들은 진짜 별종이야.'

사내는 입안에서 느껴지는 텁텁함을 모아 땅바닥에 침을 뱉으며 피식 웃었다. 하긴, 자신도 역시 이런 별종 같은 사람들과 벌써 십 년째 함께 살고 있으니 남 이야기할 것이 못 된다고 생각했다.

'벌써 시간이 이렇게 흘렀나.'

～

사내는 세상을 다니며 공부한다는 핑계를 대긴 했으나, 뭔가에 얽매이는 것을 싫어하다 보니 한 곳에 오래 머무르지를 못했고 무엇보다 자신을 한 곳에 붙들어 둘 만큼 흥미로운 것을 만나지 못한 탓에, 오랜 시간 동안 유대 지역 이곳저곳을 옮겨 다니며 떠돌이 생활을 했다. 그런데 이곳은 자신의 호기심을 자극하는 것을 넘어 자신이 미처 생각지 못했던 것을 보여 주었다. 그리고 그것을 좀 더 알고자 그들의 양해를 구하고서 함께 지낸 지가 벌써 이렇게 된 것이다.

물론 처음부터 그들이 자신에게 호의적인 것은 아니었다. 자신을 로마군 혹은 예루살렘 성전에서 보낸 첩자로 의심하는 사람들도 적지 않았다. 그들의 신뢰를 얻기까지는 2년이라는 시간이 필요했다. 그것이 이 공동체에 입회(入會)하는 최소한의 자격이었기 때문이다. 그 기한이 차기까지는 이것저것 숨기는 것도 많았고, 모임에 참여하는 것도 이런저런 제약이 있었다. 뿐만 아니라 평상시에도 사내를 주의 깊게 관찰했고, 허락된 모임 때마다 율법과 성경에 대한 묘한 질문들을 던지곤 했다. 그리고 그의 답변에 대해 자기들끼리 신중하게 의견을 나눴다. 시간이 지날수록 그런 과정들이 좀 무뎌질 만도 한데 그들은 2년이라는 시간 동안 꾸준히 그를 지켜보며 평가했다. 하지만 공식적인 입회식을 거쳐 그들의 일원으로 인정받은 후부터는, 마치 언제 그랬냐는 듯이 공동체 내부의 모든 것을 숨김없이 공개하고 자신들이 가지고 있었던 모든 것을 아낌없이 함께 나눴다.

그가 이곳에 오게 된 것은 요단강 동편을 이리저리 떠돌며 다니다가 여리고를 지날 때, 그곳 남쪽 아라바 바다 지역 근처에 묘한 공동체가 있다는 소문을 접했기 때문이다. 멀쩡히 살던 자신들의 터전을 정리하고 황량한 광야 지역 동굴들에 자리를 잡고 살아가는 사람들에 대한 소문이었다. 처음에는 그 소문을 듣고도 큰 흥미는 없었다. 당시에는 로마 제국을 자신들의 주인으로 인정하지 않고 유대 지역을 실질적으로 지배하고 있던 사두개파와 바리새파들까지 모두 변질되고 부패한 집단으로 치부하면서 아예 그들과 단절된 금욕 생활을 하는, 에세네파 같은 사람들이 이미 있었기 때문이었다. 이들은 자신들이야말로 이방인들의 풍습에 물들지 않고 그들로부터 스스로를 분리해 유대인 고유의 정신과 가치를 지키고자 했던 '하시딤'의 정통성을 잇는 사람들이라 자부했다.

그런데, 아라바 바다 해안가 서쪽 광야 지역에 자리 잡은 이들은 그 사람들과 비슷해 보이면서, 또 한편으로는 다른 모습을 보였다. 보통 에세네파 같은 금욕주의적 공동체 집단은 여성과 아이를 배격하고 성인 남성들로만 구성되었다. 그러나 이곳에 자리 잡은 공동체는, 물론 남성들이 다수였지만 여성들과 아이들도 함께 있었다.

사내가 이곳의 일원으로 인정받은 후에 그들이 제일 먼저 보여 준 것은 그곳에서 따로 떨어진 곳에 위치한 공동묘지였다. 그곳에는 전대의 지도자들은 물론 함께 살아가다 죽은 그들의 동료들 모두가 매장되어 있었다. 일천여 기(基) 가까운 무덤들을 보여 주며 이곳을 일궈낸 사람들의 이야기를 들려주었고, 자신들도 그렇게 살다가 이곳에 묻힐 거라고 자랑스럽게 말했다. 이런 모습도 다른 에세네파 공동체에서는 찾아보기 어려운 것이었다.

이들의 모습에는 늘 활기가 있고 희망이 있었다. 이것 역시 특이한 모습이었다. 지금은 밖으로는 팔레스타인 지역 전체를 점령한 로마군을 상대로 유대인 저항군이 벌이고 있는 크고 작은 전투가 끊이지 않아 로마 군대의 유대 사회를 향한 압박과 통제가 날이 갈수록 커지고 있고, 안으로는 부패할 대로 부패한 예루살렘의 제사장들의 착취로 인해 많은 유대인들이 불안과 생활고에 시달리고 있는 시기였다. 이를 견디지 못해 도망간 이들은 도적이나 산적이 되어 약탈로 연명을 했고, 그로 인해 치안 역시 예루살렘이나 다마스쿠스 같은 몇몇 대도시를 제외하고는 매우 불안했다. 로마 군대는 도시 외곽 변두리 지역의 치안을 크게 신경 쓰지 않았고 성전 경비대와 헤롯의 군사들 역시 유대 사회의 다수를 차지하고 있는 하층민들의 삶에도 큰 관심이 없었다. 따라서 이런 외진 곳에서 마땅한 자구책도 없이 살아간다는 것은 그야말로 내일을 장담할 수 없는 일이었다.

그런데도 이들은 이런 척박하고 황량한 곳에서의 삶을 크게 불안해하지 않았고 오히려 들려오는 소문이 암울할수록 열심히 일상을 살아갔다. 현실의 상황은 분명히 갈수록 악화되고 있는데 그것이 그들을 크게 흔들지 못했다. 그런 그들의 태도는 사내의 흥미를 끌었고 잠시 그들 곁에 머물며 그들의 삶의 모습을 관찰해 보려고 한 것이 결국 그들의 일원으로 인정받고 십년을 함께 살기까지 이른 것이다. 자신 스스로도 이렇게 오랜 시간을 함께 할 것이라고는 생각지 못 했는데, 이들과 함께 지내다 보니 어느새 세월이 그렇게 흘러버린 것이다.

❧

"어이, 요나단. 하늘을 그렇게 바라보고 있으면 뭐라도 떨어지나?”

요나단이라 불린 사내는 고개를 돌려 자신을 부르는 사내를 쳐다봤다. 손을 들고 싱글벙글 웃으며 다가오는 초로의 사내는 현재 이곳의 공동체를 이끄는 지도자의 위치에 있는 사람이었다. 정확하게는 계급으로서의 지도자는 아니다. 다만 정기적인 토라 및 말씀에 대한 연구와 이에 대한 주석인 《페샤림》 기록 작업은 물론, 공동체가 그동안 보존해 온 다양한 문서들을 정리하고 개정하는데 있어 가장 탁월한 능력을 보인 사람이었고, 평상시 생활에 있어서도 공동체 모두의 신망을 얻었기에 자연스럽게 지도자로서의 권위를 인정받고 있었다.

지도자들은 보통 남들보다 뭔가 눈에 띄는 외모와 특성을 갖기 마련인데 그는 정말 평범한 사내였다. 작달만한 키에 굵은 주름의 얼굴, 노동으로 발달한 팔 근육과 새카맣게 탄 외모만 보면 그냥 딱 농부인데, 실제로는 토라와 하나님의 말씀에 관한 해석과 이해 수준이 예루살렘 성전 제사장들과 비교해도 전혀 뒤떨어지지 않는 사람이었다.

“시몬님.”

요나단은 그를 향해 정중히 고개를 숙여 예를 표했다. 그러자 시몬이라 불린 사내는 손을 휘저으며 껄껄 웃었다.

“그런 먹지도 못할 예의는 넣어 둬. 여기서 지낸 지 십 년이

나 되었는데도, 아직 세상 물이 덜 빠졌구먼."

요나단도 마주 웃었다. 그러나 그가 '세상 물이 덜 빠진 것'이 아님은 요나단도, 시몬도 모두 잘 알고 있는 사실이었다. 물이 덜 빠지기는커녕 요나단은 이곳에 오기 전부터도 반골기질이 다분한 사람이었다. 그가 머물며 수학(修學)한 곳마다 그는 논쟁을 두려워하지 않았고, 현실과 동떨어진 고리타분한 율법 조항과 해석에 매달려 있는 랍비들에게 주저하기 않고 독설을 퍼부었다. 사실 요나단도 이곳에 온 초기에는 시몬에게 신랄한 질문과 논쟁을 일삼았다.

그런 요나단이 시몬에게 예를 표하는 것은 그가 단지 높은 학식을 가지고 있거나 이곳의 지도자이기 때문만은 아니었다. 오랜 시간을 함께 하는 동안 알게 된 그의 인품과 지도력, 무엇보다도 자신들을 포함한 유대 공동체 전체의 미래에 대한 확고한 가치관이 그에게 깊은 감명을 주었기 때문이었다.

그것은 돈을 주고 대제사장 직을 매수한 안나스나 그의 사위 가야바 같은 무늬만 제사장인 한심한 이들은 물론이고, 유명한 랍비들에게서도 찾아보기 어려운 관점들이었다. 물론 그것은 그의 독창적인 생각만이 아니라 이곳 공동체가 초기부터 믿고 지켜온 관점이기도 했다. 시몬은 그것을 자신의 대에 이르러 더욱 정교하게 다듬은 것이다.

또한 시몬은 이곳 공동체의 위기를 극복하고 지켜낸 사람이기도 했다. 요나단이 이곳에 오기 수십 년 전에 이곳은 큰 지진이 나서 이곳에 살던 많은 사람이 죽거나 다쳤다. 다행히 하나님의 말씀을 필사한 두루마리들을 포함해 중요한 문서들을 보관한 동굴들은 큰 피해를 입지 않았지만 그래도 상당수 자료들이 유실되었고 거주지 역시 사람이 살 수 없게 파괴되어서 그 후로도 오랫동안 이곳은 거의 버려지다시피 했다. 그랬던 이곳을 일단의 사람들과 함께 찾아와 다시 복원하고, 지진으로 인해 잃어버리고 파손된 문서들을 찾아내고 정리하여 다시 사람이 살 수 있는 곳이 될 수 있도록, 함께 해 온 사람들을 격려함으로 일궈낸 지도자가 바로 시몬이었다.

  "저는 아무에게나 고개를 숙이지 않습니다. 그리고 시몬님은 충분히 제게 그런 존경을 받을만한 분입니다. 시몬님이 아니었으면 이곳은 대지진 이후로 애써 선대들이 모으고 보존한 귀중한 하나님의 말씀들과 두루마리들이 모두 사라지고 사람도 살지 않는 곳이 되었을 테니까요."

  비록 요나단이 그때 광경을 직접 보지는 않았지만, 이곳에 사는 동안 공동체 식구들에게 귀가 따갑도록 들었던 내용이기도 했고 실제로 그가 겪었던 시몬의 사람됨이기도 했다. 지금까지도 복원 작업은 계속해서 이뤄지고 있었고 찾아낸 자료들과 새롭게 보충하여 기록한 두루마리들은 모두 흙으로 만든 항아리에 담아 차곡차곡 보관되고 있었다.

"그게 어디 나 혼자 한 일인가. 모두가 함께 한 결과지. 게다가 오랫동안 잔해 속에 묻혀 있던 두루마리들이 썩지 않고 잘 보전되어 있었기에 그나마 많은 것들을 되찾을 수 있었지. 그게 다 하나님의 섭리이자 보존되도록 예비하신 하나님의 은혜 아니겠나."

"하나님의 은혜도 있겠지만 두루마리들이 썩지 않은 것은 그냥 이곳 기후가 워낙 건조해 그런 거 아닙니… 아, 아닙니다. 은혜죠. 은혜고 말구요. 그것도 하나님의 영원하신 예정의 결과죠. 하하하."

도무지 자기 공로를 내세우지 않는 시몬에게 괜스레 딴죽을 걸어 보다가 자신을 심드렁히 쳐다보는 시몬의 눈길에 급히 요나단은 말을 바꾸며 헛웃음을 지었다. 그런 요나단을 보며 시몬도 피식 웃었다.

"자네는 어쩔 때는 참 깊이를 알 수 없는 사람인데, 또 이럴 때 보면 상당히 모자라 보이기도 하니…. 재미있어."

"그게 다 여기서 배우고 익힌 겁니다. 시몬님 같은 사람들하고 여기서 지내다 보면 자연스럽게 그렇게 된다니까요. 흐흐흐"

"그거 지금 나보고 모자란 사람이라고 욕하는 거지?"

"어? 전 그렇게 말한 적이 없는데…. 역시 시몬님은 겸손하시군요."

요나단의 너스레를 들으며 빙긋이 따라 웃던 시몬은 그의 곁에 다가와 아무렇게나 앉았다. 그리고는 요나단처럼 눈을 가늘게 뜨고 하늘을 쳐다보며 낮은 목소리로 말했다.

"정말 예루살렘으로 돌아가려 하는가?"

확인하듯 묻는 시몬의 질문에 요나단은 오랫동안 덮어 두었던 과거의 기억을 떠올렸다.

요나단의 아버지는 혼탁하고 부패한 제사장들이 득실거리는 예루살렘 성전에서도 보기 드문 경건한 제사장이었고, 그의 어머니 역시 아버지 못지않은 의롭고 경건한 사람이었다. 요나단의 부모는 틈만 나면 어린 요나단에게, 너는 장차 하나님의 귀중한 사명을 감당할 사람이니 어렵고 힘든 일이 있어도 하나님을 향한 믿음을 지키라고 말하곤 했다. 요나단은 그것이 구체적으로 어떤 것인지 몰랐지만 어떤 말도 허투루 하지 않고 진실했던 부모님을 믿었던 터라 꼭 그렇게 하겠노라고 말하곤 했다. 그리고 그 말을 들을 때마다 어린 마음에도 뭔가 가슴 한구석이

벅차오르기도 했다.

그러나 불행히도 요나단의 부모는 늦은 나이에 요나단을 낳았기 때문에 미처 그가 장성하기 전에 일찍 세상을 떠났다. 요나단의 아버지는 숨을 거두기 전에 요나단에게 유언을 남겼다.

"애야, 우리가 세상을 떠나고 나면 예루살렘을 떠나 유대 지역을 두루 다니면서 많은 사람들을 만나 보거라. 그리고 그들의 삶의 현장을 눈에 잘 새기어라. 특히 부유하고 힘 있는 사람들이 아니라 헐벗고 굶주리고 약한 수많은 사람들의 목소리를 잘 들어 두어라. 그것은 장차 네가 해야 할 일의 중요한 밑거름이 될 것이다."

"네, 아버지. 그렇게 하겠습니다."

"그리고 그 후에는 꼭 요단 동편으로 건너가 그곳에 살고 있는 사람들을 만나 보거라. 거기에는 예루살렘의 종교 권력자들과 전혀 다른 경건한 삶을 살고 있는 사람들이 있다. 너는 나에게 제사장들이 알고 있는 율법 해석을 배웠지만 그들의 경건과 믿음도 너의 앞으로의 일에 큰 도움이 될 것이야. 그리고 이후로도 하나님께서 너의 길을 인도하실 것이다."

요나단은 아버지의 말씀을 유언으로 새겼지만 제사장 출신인 요나단의 아버지의 말은 결코 평범한 것이 아니었다. 왜냐하면 당대의 제사장들의 조직인 사두개파, 그들과는 사사건건 맞서지만 유대인들의 폭넓은 지지를 받고 있는 랍비들이 중심이 된 바리새파, 또 그밖의 당대의 중요한 종교적 세력들은 모두 요단 강 동편 지역에 무리를 이루고 사는 분리주의자들을 경멸하고 홀대했기 때문이었다.

그들 자신들 말로는, 하나님께서 유대인들에게 주신 말씀을 왜곡하지 않고 지키기 위해 자발적으로 광야로 나갔노라고 하지만, 대다수 사두개파와 바리새파들이 보기에는 단지 주류에서 밀려나가 증오를 품고서 자신들을 헐뜯는 비루한 인생들일 뿐이었다. 그럼에도 요나단의 아버지는 그들의 주장과 삶을 무시하지 않고, 오히려 요나단에게 꼭 그들을 만나 그들의 가르침을 듣고 그들의 삶을 경험해 보라고 권유한 것이다.

이후로 요나단은 가산을 정리하여 이곳저곳을 떠돌아 다녔다. 얼마 되지 않던 여비는 곧 바닥이 났고 가진 것 없는 그를 반기는 이들은 별로 없었다. 사회가 워낙 흉흉하기도 했고 다들 가난한 형편에 남을 돌보기가 쉽지 않은 시기였기 때문이었다.

그러나 워낙 어릴 때부터 검소하게 자란 요나단은 이런저런 허드렛일을 마다하지 않으며 부모님의 유언을 지켜나갔고, 로마와 그들의 세력을 등에 업은 권력자들의 횡포와 그들을 권력을 정당화 해주며 그 밑에서 온갖 특혜를 누리는 제사장들의 모습을 눈에 담았다. 그리고 그들 밑에서 고통당하며 괴로운 시절을 보내고 있는 민초들의 아픔도 가슴에 새겼다. 어느 샌가 그의 마음에는 분노와 슬픔이 가득했다. 부모님과 같은 의인들은 아무런 빛도 보지 못한 채 쓸쓸히 죽어갔고, 세상에는 악인들이 득세하는 부조리가 가득했기 때문이었다.

그런 경험들을 거쳐 찾아간 요단강 동편 지역에는 아버지의 말씀대로 주류 예루살렘 종교와는 전혀 다른 견해를 가지고 있는 사람들이 살고 있었다. 세상에서 에세네파로 불리는 그 사람들은 확실히 토라를 포함한 하나님의 말씀들에 대해 색다른 견해를 지니고 있었다.

그들이 유일한 자신들의 참된 스승으로 인정하는 '의로운 교사'로 불리는 지도자가 있는데, 그가 남긴 가르침과 교훈들은 율법의 자구들을 무조건 자신들에게 유리하게 맞추어 가르치는 기존의 제사장들과 랍비들과는 확연하게 다른 부분들이 많았다. 특히 제사의 방법과 형식에 얽매이는 기존의 해석과는 달리 예배의 정신과 의미를 강조하는 것이 신선했다.

또 그들은 메시아가 회복할 나라를 기다리며 자신들의 공동체 내에서 제사장을 없애고 별도의 세습되는 신분과 계급 없이 모두가 공평하게 함께 일하면서 서로를 존중하는 공동체를 일구고 있었다. 그것은 확실히 기존의 유대 사회에는 없었던 모습이었다.

그런 장점에도 불구하고 요나단은 그들이 보여주는 폐쇄적인 공동체성, 특히 여자와 아이들을 무시하고 아예 공식적인 공동체로 인정해주지 않는 남성 중심적 사고가 마음에 들지 않았다. 하나님 나라는 성인 남자들에게만 허락된 것은 아닐 텐데 그들에게는 그런 여유와 포용이 없었다. 또한 로마 제국과 예루살렘 성전에 대한 그들의 뿌리 깊은 증오와 복수심도 그들이 믿고 따른다는 '의로운 교사'의 가르침과는 그리 어울려 보이지 않았다.

그들의 장점과 단점을 모두 경험한 후, 아쉬운 마음을 안고 앞으로 어떻게 해야 할 것인가를 고민하고 있던 요나단에게 아라바 바다 서쪽 광야에 있는 키르벳 쿰란 근처에 모여 살고 있다는 공동체의 소식이 들렸다. 에세네파와 비슷한 믿음과 가르침을 따르는 사람들이라고 하면서도 특이하게 여자와 아이들과도 함께 살아간다는 이야기를 들었다.

그리고 그들에게는 다른 공동체에 없는 하나님 말씀들의 필사본과 그에 관한 가르침들이 기록된 두루마리들이 많이 있다고도 했다. 그러한 소문들은 요나단의 흥미를 끌기에 충분했고 직접 찾아가 실제로 본 그들의 삶은 소문과 다르지 않았다. 아니, 소문이 미처 담아내지 못한 더 놀라운 모습으로 살고 있었다.

특히 뛰어난 율법 학자라면 대부분 가지고 있을 특유의 권위
의식과는 거리가 먼 시몬의 소탈한 모습, 그와 허물없이 지내는
사람들의 모습, 그리고 정한 시간이 되면 아무리 피곤해도 남녀
노소를 가리지 않고 모여 보존해 온 하나님의 말씀을 열심히 읽
고 들으며 또 그대로 살아가기를 힘쓰는 공동체의 삶은 요나단
에게 큰 충격을 주고도 남았다. 그것은 마치 말씀 속에만 존재
했던 '참 이스라엘'의 실제와도 같았기 때문이었다. 이곳의 공
동체는 시몬과 같은 한두 명의 지도자를 통해 움직이는 것이 아
니라 모두가 함께 참여하는 곳이었다. 무엇보다 그들이 간절히
믿고 기다리는 메시아는 단순히 로마 군대를 무찌르고 유대인
들만의 세상을 가져다주는 존재가 아니라, 하나님께서 토라를
통해 보여주셨던 세상을 다시 회복하고 완성할 존재였다.

또한, 예로부터 전해 온 하나님의 말씀과 이에 대한 공동체
의 중요한 해석과 가르침들을 자신들만 아는 데 그치지 않고,
후대를 위해 끊임없이 두루마리에 기록하고서 거기에 대한 공
동체의 해석과 풀이를 기록해 별도로 보관하는 모습은 요나단
에게 깊은 울림을 주었다. 오늘을 살아가기에도 벅찬데, 이들
은 그 너머를 바라보고 있었기 때문이었다.

거기에 더해 그들에게는, 비록 현실에서는 궁핍한 삶을 살아
야 했고 같은 동족들에게도 무시당하고 경멸받고 있지만 자신

들이야말로 토라가 말하고 있는 참된 하나님 나라를 살아가는 그분의 참 백성이라는 높은 자긍심이 있었다. 요나단에게 있어 그것은 놀라운 경험이었고 새로운 깨달음이었다. 예루살렘의 화려한 성전이 아니라 이곳 궁벽한 광야에서 하나님의 임재와 통치의 현현(顯現)을 보았기 때문이었다. 그것이 십년 전 이곳에 와서 요나단이 경험한 일들이었다.

요나단이 깊어진 눈으로 과거를 기억하는 동안 시몬은 요나단을 채근하지 않고 묵묵히 그의 옆을 지키고 있었다. 얼마의 시간이 흐르고 생각을 갈무리한 요나단은 조금 전까지 넉살을 부리던 모습을 지우고 진지하게 시몬의 눈을 응시하며 입을 열었다.

"네, 이제 때가 되었습니다. 그동안 너무 행복했고 앞으로도 오랫동안 시몬님과 그리고 이곳에 있는 동료들과 계속 함께 있고 싶지만, 이제는 저의 길을 가야할 것 같습니다."

"그래? 자네가 그렇다면 그만한 이유가 있겠지. 그래도 사실 나는 자네가 내 뒤를 이어 이곳을 잘 이끌어주었으면 하는 마음이 있었네. 지금이라도 마음을 달리 할 수는 없겠는가?"

"후후, 그런 소리는 좀 일찍 하셔야 하는 거 아닙니까? 이미 요단 강물은 아라바 바다로 다 흘러가 버렸습니다."

"쩝, 사람 단호하기는. 보아하니 이미 마음을 굳힌 것 같으니 더 권유는 하지 않겠네만…. 대답해 주게. 왜 하필 지금인가? 지금 예루살렘으로 돌아가기에는 시기가 좋지 않다는 것을 자네도 모르는 것은 아닐 텐데."

시몬의 말은 사실이었다. 이곳 쿰란에 거주하는 공동체가 비록 예루살렘의 종교 세력들과는 척을 지고 있지만 그들은 지속적으로 예루살렘과 유대 사회의 동향을 주시하고 있었다. 그도 그럴 것이 그들이 고대하는 메시아가 오실 때 가장 먼저 정화될 곳이 예루살렘이기 때문이라는 믿음도 있었고, 무엇보다 그들 역시 유대인이기 때문에 자신들의 정신적인 고향인 예루살렘을 포기할 수 없었기 때문이었다.

그런 예루살렘은 지금 상황이 무척 좋지 않았다. 유대 열심당원들을 주축으로 유대 독립을 주장하는 저항군들의 반복되는 도발과 저항에 유대 땅으로 파견 나와 있는 로마 군대는 독이 바짝 올랐고, 꼬투리만 잡히면 저항군은 물론 그들을 도와주는 일반 백성들까지도 무차별적으로 죽이거나 체포했다.

특히 대지진 직후 갈릴리 지역의 세포리스에서 있었던 열심당의 항쟁 때 수천 명의 저항군들을 잡아 모두 십자가에 매달아

버리고 나서 더욱 그러한 경향이 강해졌다. 예루살렘은 물론이고 주요 도시들 관문의 검색이 강화되고 있어서 조금이라도 수상한 사람들은 체포당하기 일쑤였다. 다행히 현재 총독인 빌라도는 약간의 유화 정책을 펴 민심을 달래고 있는 실정이지만 예루살렘과 유대 지역의 분위기는 매우 흉흉했다.

"게다가 자네는 예루살렘으로 돌아가 유대인들의 회개와 각성을 촉구하려는 것이 아닌가? 그것도 다름 아닌 메시아의 도래를 외치면서 말일세. 그건 그야말로 기름을 끼얹고 불로 뛰어드는 짓이라는 것을 자네도 모르지는 않을 것 아닌가."

"… 맞습니다. 시몬님 말씀이 당연합니다. 솔직히 저도 개인적으로는 지금은 좋은 때가 아니라고 생각합니다."

"그런데 왜?"

진지하게 시몬을 바라보며 말하던 요나단은 갑자기 싱긋 웃었다.

"그게 말이죠…. 얼마 전에 제가 들판에 나가서 한동안 오지 않은 적이 있지 않습니까?"

"그랬지. 그래서 걱정도 많이 했고."

"… 그때 들판에서 하나님께서 저에게 찾아 오셨습니다."

"!!"

눈을 휘둥그렇게 뜨는 시몬을 향해 요나단이 말을 이었다.

"무슨 말씀을 하시려는지 압니다. 저는 사실 천사의 현현이나 신비한 체험 같은 거 그렇게 믿는 편도 아니고 원하지도 않는 사람이었으니까요. 그런데도 제 의지와는 상관없이 하나님께서 제게 오셨고 이사야 선지자에게 주셨던 말씀을 저에게 그대로 주시며 이것을 유대 백성들에게 전하라고 하시더군요."

"…… 허어."

"물론 저는 이사야 선지자 같은 분께 비하면 보잘것없는 사람이지만 하나님께서 제게 말씀을 주신 이상, 할 수밖에 없지 않겠습니까?"

"…… 이상과 환상이 사라진 시대라고 다들 말하는데 자네가 그런 경험을 했다니 놀랍군."

"다만 제가 예루살렘으로 돌아가는 것은 꼭 체험 때문만은 아닙니다."

"또 다른 이유가 있었나?"

"저는 하나님께서 제게 이런 사명을 주신 데에는 이곳 공동체에서 겪었던 경험들이 있었기 때문이라고 생각합니다."

"그건 또 무슨 말인가?"

"저는 여기에 와서 시몬님과 공동체 식구들을 통해 예루살렘의 제사장들과 유명한 랍비들에게서 들을 수 없었던 가르침들을 배웠습니다. 그리고 놀랍게도 그것이 하나님께서 우리에게 주셨던 약속과 계명들의 본래 뜻에 더 적합하다는 것도 알게 되었고, 이곳에서 살아가고 있는 공동체의 모습이 장차 메시아께서 보여주실 하나님 나라 공동체의 모습에 더 가깝다는 것도 알게 되었습니다."

"……."

"그런 경험들과 배움의 시간이 없었다면, 하나님께서 제게 이사야 선지자에게 주셨던 말씀을 주셨어도 그것이 어떤 의미가 있는 것인지 잘 알 수 없었을지도 모릅니다. 아마 이것이 시몬님께서 가르쳐 주셨던 '하나님의 예정'의 의미라고 생각합니다. 저에게 있어 부모님의 가르침과 제가 이곳저곳을 방황하며 보고 느꼈던 유대 사회의 모습들, 그리고 이곳에 와서 보고 배운 모든 것들이 앞으로 제가 가야 할 길의 바탕이 될 테니까요. 이 모든 것들이 없었다면 저는 어쩌면 하나님의 부르심을 제대로 듣지 못했을 지도 모릅니다. 그런 점에서 시몬님과 우리 공동체 식구들에게 깊이 감사하고 있습니다."

시몬은 뭐라 말하기 어려운 표정으로 요나단을 응시하다가 어렵게 입을 열었다.

"… 그렇게까지 말하는데 이젠 더 붙잡을 수도 없겠구먼. 자네가 가는 길은 분명 험한 가시밭 길이 될 것이지만 그 길에 부디 하나님의 은혜가 함께 하길 빌겠네."

"감사합니다. 시몬님도 이곳에서 계속해서 하실 일이 많으실 텐데 저 없다고 대충 하시지 마고 열심히 하셔야 합니다."

"껄껄. 살다보니 자네에게 충고도 듣게 되는구먼. 알겠네. 내 명심하지."

"흐흐. 역시 시몬님은 겸손하신 분이시라니까요."

말을 마친 요나단은 자리에서 일어나 옷에 묻은 흙을 툭툭 털어냈다. 그것도 평소에는 하지 않던 행동이었다. 평상시에는 옷에 신경 쓰지 않고 아무것이나 걸치고 다니는 사람이었으니까. 시몬에게 그런 요나단의 행동은 이곳에서의 모든 것을 정리하는 의식처럼 보였다.

"자아, 그럼 이제 숙소를 정리하고 슬슬 떠날 준비를 해 볼까요?"

뭔가 쌓아 두었던 짐을 내려놓은 듯이 가벼운 몸으로 걸어가던 요나단을 시몬은 물끄러미 바라보았다. 멀어지고 있는 요나단에게 문득 뭔가 생각난 듯 시몬이 외쳤다.

"요나단!"

"뭐 또 하실 말씀이 있습니까?"

"별 것은 아니고…. 이제 떠나면 다시 만나기 어려울 것 같은데 지금이라도 자네 진짜 이름을 말해주면 안되겠나?"

요나단의 표정이 변했다.

"어라? 그걸 어떻게 아셨어요?"

"여기 온 사람들은 온갖 사연이 있기 마련이고 자네가 왔을 때도 그래 보였네. 자네가 처음 이름을 알려줄 때 그 표정을 보고 요나단이 본명이 아니라는 것을 짐작하고 있었지. 그동안은 굳이 물어 볼 필요가 없어서 묻지 않았던 것이고."

"하, 시몬님은 정말 무서운 분이시라니까요."

어이없어 하던 요나단의 입 꼬리가 슬그머니 올라갔다. 그리고 옷매무시를 정리하며 말했다.

"제 진짜 이름은… 요한입니다. 예루살렘의 제사장이었던 아버지 사가랴와 아론의 자손인 어머니 엘리사벳의 아들입니다."

"… 요한. 좋은 이름이구먼. 이제는 그 이름을 당당히 밝히며 살게나."

활짝 웃는 시몬에게 요한도 밝은 미소로 화답하며 손을 휘휘 흔들고서 다시 멀어져갔다. 시몬은 그런 요한의 모습을 물끄러미 바라보다 작게 말했다.

"이제 세상은 자네를 통해 많은 것이 바뀌게 될 걸세."

로마의 티베리우스 황제가 통치를 시작한지 열다섯 째 되는

해. 요단강을 넘어 온 초라한 모습의 사내가 있었다. 짐승의 가죽으로 만든 털옷을 아무렇게나 걸치고 다니는 괴짜 같은 모습이었지만 사람의 내면을 꿰뚫어보는 눈빛과 사람들의 마음에 와닿는 맑은 목소리를 갖고 있는 사람이었다.

"독사의 자식들아! 누가 너희에게 장차 올 하나님의 진노를 피하라고 하더냐. 그러므로 회개에 합당한 열매를 맺고 속으로 아브라함이 우리 조상이라 말하지 마라. 내가 너희에게 분명히 말하는데 하나님께서는 능히 이 돌들로도 아브라함의 자손이 되게 하실 수 있다! 이미 도끼가 나무뿌리에 놓였으니 좋은 열매를 맺지 못하는 나무마다 찍혀 불에 던져질 것이다!"

요단강을 떨어 울리는 그의 사자후에 양심이 찔린 많은 사람들이 그에게 용서를 구할 때, 그는 회개의 방법으로 가난한 이들에게 착취한 것을 돌려주며 자신이 있는 것을 나누며 살라고 말했다. 또한 자신의 권력을 이용해 사람들을 강탈하지 말고 성실하게 자신의 책무를 감당할 것을 가르쳤다. 그런 그의 모습과 가르침에 많은 사람들이 그가 하나님 말씀에 예언된 메시아라고 했지만 그는 자신이 메시아가 아니라 그의 앞에서 길을 예비하는 자이며 그가 오실 나라를 미리 전하는 사람일 뿐이라고 했다.

메시아로 대우 받을 수도 있었지만 이를 거절하고 묵묵히 진짜 메시아의 길을 준비한 사람. 세리와 군병들, 가난한 이들과 약자들을 가리지 않고 동일하게 대한 사람. 특히 부자와 권력자들에게 하나님의 정의로운 심판을 서슬 퍼렇게 외치며 하나님 나라가 오기 전에 회개하라고 외치는 그를 사람들은 이렇게 불렀다.

세례자 요한.

권영진
정언향 교회(경기도 양주) 대표 교역자로 섬기고 있다.
하나님의 말씀의 깊이와 향기를 삶 속에서
공동체와 함께 나누고 실천하며 살기를 원하는 사람이다.
저서로는 『진정 회개할 곳은 교회다』, 『성경, 오해에 답하다』가 있다.

작가 후기

본 소설에 등장하는 지명, 인물, 사건, 역사적 배경 등은 모두 실제 역사와 동일합니다. 그리고 소설 중간에 등장하는 쿰란 지역의 대지진 역시 주전 30년경에 있었고 이후 1세기 초엽(주후 4년) 이후에야 쿰란 지역에 다시 사람들이 들어온 것으로 보이는 고고학적 자료들이 있습니다. 다만 시몬은 세례 요한에게 많은 영향을 끼친 쿰란 공동체의 지도자로 설정한 가상의 인물입니다.

세례 요한이 사역을 시작하기 전의 행적에 대한 가설이 여러 가지가 있는데 본 소설에서는 세례 요한이 일찍 부모를 여의고, 키르밧 쿰란에 존재했던 에세네파의 한 갈래로 분류되는 쿰란 공동체에 일정 기간 거하며 그들의 신학과 사상에 영향을 받았을 것이라는 가설을 기반으로 하고 있습니다. 이는 세례 요한이 전했던 내용들과 이후 예수님을 통하여 세워진 초기 교회 공동체(특히 요한 공동체)의 모습이 쿰란 공동체의 신학 및 공동체의 모습과 상당 부분 유사한 점이 있다는 연구 결과를 참고한 것입니다.

단편 소설
우수작

목사 ver. 2.0

김기범

예배가 있는 주일 아침은 다른 날과 달리 분주했다. 다른 교회라면 입구를 청소하고, 본당을 정리하고, 목사님 강대상을 신경 쓰느라 바빴겠지만 우리 교회는 달랐다. 관리 집사인 나는 가장 먼저 교회 입구에 펜스를 둘렀다. 그리고 본당과 연결된 시스템의 전원을 올렸다. 빛이 들어왔고 소리가 울렸다. 이것으로 주일 아침, 예배를 준비하는 일이 모두 끝났다. 시간이 되자 자율 주행 시스템으로 운행하는 교회 차량이 속속히 도착했다. 주로 2~30대의 젊은 사람들로 이뤄진 교인들이 차에서 내렸다. 펜스 밖으로 몰려든 기자들은 연신 플래시를 터뜨렸다. 그 뒤로 고함이 오갔다. 피켓을 든 사람들은 교인들을 향해 소리쳤다.

"로봇 목사 물러가라!"

"로봇 성직자의 죄 사함이 웬 말이냐!"

우리 교회가 생겨난 지 반년이 조금 지났지만 매주 듣는 항의 소리였다. 기자들은 전보다 줄었지만 항의하러 모인 사람들은 더 늘어난 듯했다.

정확히 구분하자면 로봇은 잘못된 표현이었다. 실체가 없기 때문이다. 우리 교회의 목사는 교육 및 상담을 통합한 딥러닝 시스템이었다. 이를 목회 환경에 맞게 AI를 학습시켜 적용한 것이 전부였다. 오로지 컴퓨터 안의 프로그램 형태로만 존재했고, 로봇 같은 외형은 애초부터 있지도 않았다. 따라서 우리 교회는 강대상도 필요하지 않았다. 교인들은 그저 서로 마주 앉은 채 AI 목사가 재생하는 설교 말씀을 들을 뿐이었다. 정식 명칭은 아니지만 교인들은 AI 목사를 '파파스'라 불렀다. 유명 영화의 인공지능인 '자비스'와 아버지(하나님)를 뜻하는 '파파'를 합친 합성어였다.

사람들의 항의에 전혀 아랑곳하지 않고 교인들은 매주 본당으로 모여들었다. 스피커에선 기계음으로 합성된 목소리가 흘러나왔다.

"이스라엘 백성이 가장 먼저 승리해야 할 대상은 여리고 족속, 여리고 성이었습니다."

여호수아서 말씀으로 시작한 설교는 옥한흠 목사의 고별 설교를 기반으로 하는 듯했다. 파파스는 국내외를 막론하고 최고의 설교들을 수집하고 학습한다. 한국의 옥한흠, 이찬수, 유기성 목사뿐 아니라 국외의 존 스토트, 존 파이퍼, 심지어는 마틴 루터 킹 목사까지 수백만 건의 설교 데이터베이스를 기반으로 설교문을 자동 생성한다. 이 점이 일 년도 안 되는 기간 내에 300명이나 되는 많은 교인을 불러들일 수 있는 요인이었다. 항상 최고의 설교를 제공했다. 사람이라는 개인의 감정에 휘둘리지 않고 논리적으로 명료하고 지식적으로도 풍성한 말씀을 전했다.

알파고와 이세돌의 대국이 한창일 때 모든 기자가 대국장에 모여 취재했던 것처럼, 오늘도 본당 문밖은 기자들로 가득했다. 그들은 어떤 설교를 어떻게 하는지 매주 보도했다. 단순히 교계만의 센세이션이 아닌 사회 전반적인 관심거리였다. 하지만, 매주 이어지는 취재 경쟁과 보도는 마치 파파스의 설교에서 단 한 순간의 실수만이라도 포착하려는 하이에나같이 보이기도 했다. 오늘도 취재진은 나를 붙잡고서 끈질기게 물었다.

"파파스가 학습하는 설교문에 이단 교단의 설교문이 있으면 어쩌죠?"

"버그나 오작동으로 불교나 이슬람 쪽 설교를 할 확률은 없습니까?"

"설교문도 어떻게 보면 목사들이 직접 작성하는 것들인데,

이와 관련된 저작권의 문제는 어떻게 됩니까?"

매주 비슷한 패턴의 질문이었다.

"파파스는 자료를 수집해서 설교를 작성한 후에 검증 절차가 있어서요. 교리 문답 같은 기준을 통해 설교 검증을 하고 설교문이 작성됩니다. 설교 내용도 무단으로 가져오는 것이 아니구요, 또 조합해서 새로 생성하는 것이기 때문에 저작권도 문제가 되지 않습니다. 이러한 자동 생성과 검증이라는 절차를 통해 설교를 준비하게 됩니다. 목사님들이 한 주 동안 설교 준비하는 것처럼 말이죠."

조금의 막힘없이 능숙하게 대답했다. 매주 유사한 답변을 하는 내가 매크로처럼 느껴질 정도였다. 처음 관리 집사를 맡고서 기자들과 인터뷰를 했을 땐 식은땀을 뻘뻘 흘렸다. 답변을 유보하기도 했고 벙어리가 되기도 했다. 이제는 제법 익숙해져 시스템을 개발한 담당자라고 착각할 법도 했다.

이후 비슷한 논조의 진부한 질문들이 이어졌다. 전도는 인터넷으로 하는지, AI 목사가 신학교는 나왔는지, 목사 안수는 누구에게 받았는지, 사례비는 어떻게 드리는지. 헌금과 관련된 질문은 매주 지겹도록 반복됐다.

"저희 목사님은 사례금을 드리고 싶어도 받으실 수가 없어서요."

나는 진부한 질문들에 어물쩍 대답했다. 파파스에 지출되는 비용이 없는 것은 아니었다. 최소한의 서버 유지를 위한 비용은 필요했다. 그 부분은 물론 헌금으로 충당했지만 보통의 목사 사례비에 비할 만큼의 지출은 아니었다. 남은 헌금은 교회 건물 임대료라든가, 차량 이용, 그리고 지역 사회 복지에 사용된다고만 알고 있다. 기자들의 질문은 이어졌지만, 나는 마치 언론을 피하는 정치인처럼 자리를 떴다. 계속해서 답변을 이어가다가는 설교가 모두 끝나버릴 것만 같았다. 로봇 관리 집사를 두고서 답변 반복 재생을 틀어놓고 싶은 충동도 들었다.

설교는 정확히 정오를 가리키는 시간에 오차 없이 끝났다. 본당 스피커에서 기계음으로 축도를 하자는 소리가 나오자, 본당 밖에서는 야유와 고함으로 아우성쳤다. 사람이 만든 로봇이 어떻게 하나님이 만든 사람을 축복할 수 있냐는 시비였다. 가벼운 문제는 아니었다. 처음 AI 목사 시스템이 등장했을 때, 많은 신학자가 논쟁한 주제이기도 했다. 결론은 나지 않았다. 한 부류는 하나님이 아닌 인간이 만든 기계의 축복은 절대 허용할 수 없다고 주장했고, 또 다른 부류는 모든 믿는 사람이 제사장인 만큼 성직에 구애 없이 기계도 축복을 할 수 있다고 주장했다. 한 치의 양보도 없던 팽팽한 논쟁은 결론 없이 오늘까지 이어졌고, 결국 축도 시간마다 시비와 항의가 넘쳐났다. 그러나 교인들은 익숙하다는 듯 침묵한 채 스피커 소리에 귀를 기울였다.

침묵 속에서 눈을 감고 있을 때, 누군가 옆구리를 툭툭 쳤다. 기자가 본당 안까지 들어오는 일은 흔치 않은 일이었다. 진부한 답변이나 또 들려줘야겠다고 생각했다. 그러나 침묵을 깨운 이는 기자가 아니었다.

"너 유명하더라, 요새"

친근한 표정으로 나를 바라보는 익숙한 눈빛. 10년 만에 보는 얼굴이라 단번에 누구인지 알아볼 수 없었다. 대학 동기이자 나에게 줄기차게 복음을 전했던 희진이었다. 결혼한다는 소식을 마지막으로 연락이 끊겼다. 오래된 친구도 알아볼 정도로 파파스의 파장이 크긴 한 모양이었다.

나는 희진과 인근 카페로 자리를 옮겼다. 예배도 끝 무렵이었고, 기자들과 항의로 시달릴 것이 분명했기 때문에 그곳을 피한 감도 있었다. 희진은 머뭇거렸다. '내가 먼저 말을 꺼내야 하나?' 10년이라는 인연의 공백만큼 어색한 침묵이 감돌았다. 희진은 커피잔만 한참 만지작거리다 입을 열었다.

"교회 다시 다닐까 고민이거든."

"무슨 일 있었어?"

나는 놀라며 반문했다. 교회에 다시 다닐까 고민이라는 건

교회에 출석하지 않는다는 이야기였기 때문이다. 대학 시절, 희진은 누구보다도 열심이었다. 날마다 새벽 예배에 나갔고, 수련회에 가야 한다며 과 MT 한 번 참석한 적이 없었다. 과 동기 한 명 한 명을 만나가며 복음을 이야기했던 친구였다. 그런데, 직장인보다 목회자가 더 어울릴 것 같았던 그 친구가 지금은 교회를 멀리하고 있다니. 희진의 첫 말은 내게 적잖은 충격이었다.

"지금은 좀… 가나안 성도라고 해야 할까…?"

희진은 말끝을 흐렸다. 가나안 성도란, 하나님을 믿는 믿음은 있지만 교회에 안 나가는 성도를 일컫는 말이다. '안 나가'를 거꾸로 한 말장난 같은 표현이다. 하나님을 믿고 싶지만 계속해서 교회에 나갈 수 없는 이들의 마지못한 선택지 같은 단어였다. 나는 그 장난 같은 단어가 전혀 장난처럼 다가오지 않았다.

"가나안 성도가 뭐 어때서. 나도 그랬었잖아."

나는 신앙생활을 늦게 시작한 편이었다. 동기인 희진에게 신입생 시절부터 줄기차게 복음에 대해 들었지만, 교회에 나가진 않았다. 믿고 싶어도 믿기지 않았기 때문이었다. 신이라는 존재는 너무나 추상적이어서 실재(實在)적으로 받아들이기 어려웠다. 졸업할 때가 돼서 교회에 등록한 이유는 이성적인 이유였다.

빅뱅 우주론이나 우주의 운행과 같은 사건을 생각하다 보니 모든 사건의 시작이자 원인을 신이 아니고서는 이해할 수 없었다. 그렇다면 많은 신 중에 어떤 신이 참 신일까? 다양한 신화와 종교를 살펴봤지만, 내게 우주 창조에 관해 가장 명확하게 답을 내려주는 곳은 기독교가 유일했다. 많은 신화에서 우주와 인간은 신들의 전쟁 부산물이거나, 그들의 유희와 변덕 때문에 탄생했다. 그것엔 목적도 의미도 없어 보였다. 기독교만이 신의 선한 의지와 사랑이라는 온 우주와 사람을 창조한 목적이 분명했다. 목적과 의미가 있는 신이라면 실재적으로 받아들여지지 않더라도 믿을 만하겠다고 생각했다. 그래서 신을 더 알고자 하는 마음으로 교회에 등록했다.

그렇지만 나의 교회 생활은 오래가지 못했다. 비교인이었던 내게 교회의 모습은 이질적으로 느껴졌다. 대가 없는 헌신, 환대와 환영, 겸손과 친절. 이와 같은 것들은 교회를 다닐수록 되려 인위적이고 위선적인 거짓처럼 보였다. 집사, 권사로 불리던 이들은 교회 밖을 나서면 다른 사람이었다. 부하 직원에게 욕을 쏟아냈고 서슴없이 비리를 저질렀다. 헌신은 오로지 교회에서뿐이었고 환대는 주일뿐이었다. 교회를 나서면 그 누구보다도 이해타산적이었다. 교인들과 관계가 깊어질수록 이중적인 모습은 더욱 적나라했다.

더구나 신의 존재를 이해하고 싶었던 내게 교인들은 신앙을 어지럽히는 질문을 하지 말라는 분위기였다. 모임이 끝나면 나를 뒤로 불러내 이상한 질문을 하지 말라며 몇 번이고 경고했다. 담임 목사에게 전화가 와서는 이런 식으로 교회에 다니면 곤란하다는 말을 듣기까지 했다. 결국 오래지 않아 나는 교회에서 나올 수밖에 없었다.

그 시절 희진은 나의 고민을 들어주던 유일한 기독교인이었다. 물론, 교회를 나오면서 관계가 틀어졌고, 결혼 소식을 마지막으로 연락이 끊겼지만.

"너는 어쩌다 다시 교회에 가게 된 거야?"

희진이 물었다.

"근로 계약서를 썼거든."

교회를 다시 다니고 싶은 생각은 없었다. 아직도 하나님의 존재를 더 알고 싶지만, 교회 사람들과 다시 관계를 맺고 싶지 않았다. 관리 집사가 된 것은 다른 이유였다.

"얼마 전에 이직했어. 전 직장 퇴사하고 일자리 찾아보다가 독특한 시스템 관리직이 있더라고. 이력서 내고 취직했지. 진짜로 근로계약서 쓴 거야."

파파스는 목사 역할을 수행하지만, 어찌 됐든 결국 딥러닝 시스템이었다. 시스템은 관리할 사람이 필수였다. 나는 AI 목사라는 시스템을 관리하는 집사, 즉 시스템 엔지니어로 교회에 왔다. 시스템을 관리하는 일은 전문직이기 때문에 아무나 할 수 없었다. 자연스럽게 고용의 형태로 사람을 뽑았다. 업무의 종류는 다소 차이가 있지만 교회를 관리하는 일이라는 측면은 동일했기에 '관리 집사'로 불렸다.

"진짜 독특하네. 그러면 너네 교회 목회자들도 다 근로계약서 써?"

"글쎄. 우리 교회 목회자는 한 명이고 그분은 근로계약서를 쓸 손이 없으셔서 말이지. 게다가 서버는 쉬지 않고 돌아가니 근로 시간을 지킬 수 없을 걸?"

희진은 피식 웃었다.

그렇다. 우리 교회는 목회자를 여럿 청빙할 필요가 없었다. 파파스 혼자 모든 부서의 설교를 준비할 수 있었고, 심지어 동일한 시간에 서로 다른 장소에서 설교하는 것도 가능했다. 예컨대, 주일 오전 9시에 있는 초등부와 중고등부의 설교를 파파스 혼자 진행할 수 있었다. 실체가 없는 컴퓨터 시스템이기 때문에 가능한 일이었다.

"너네 교회 다니려면 어떻게 해야 하니? 회원 가입이라도 해야 하는 건가?"

"어떻게 알았냐?"

장난스레 물은 말에 진지하게 대답하자 희진은 깜짝 놀라는 듯했다. 나는 직접 스마트폰을 꺼내 보여줬다.

"앱 설치하고 회원 가입으로 교인 등록 하면 돼. 교인이 되면 파파스랑 심방도 할 수 있어."

"심방?"

"상담이라고 해야 하나, 1:1 채팅이라고 해야 하나? 여튼 고민 같은 게 있으면 나눌 수 있다는 거지."

때마침 스마트폰에 진동이 울리며 심방 콜이 들어왔다. 화면엔 파파스 목사님이라고 떠 있었다.

심방은 신청할 수도 있지만 주로 설정해둔 시간에 시스템이 자동으로 통화를 건다. 물론 받을 수도 있고 거절할 수도 있다. 거절한다고 불이익이 있는 것은 아니지만, 파파스 시스템은 그것들을 기억해뒀다가 무슨 일이 있는 건 아닌지 따로 메시지를 넣어주기도 했다.

나는 희진에게도 보여줄 겸 심방 콜을 수락했다.

"집사님, 오늘도 수고가 많습니다. 한 주 잘 보내셨나요?"

"예, 오랜만에 친구를 만나서 이야기를 나누고 있습니다."

"집사님답지 않게 의외군요. 잘하셨어요. 사람들과 만나 교류하는 것이 정신적으로도, 신앙적으로도 좋답니다. 하나님은 사람을 공동체로 창조하셨고 예수님은 두세 사람 모인 곳에 함께 한다고 하셨습니다."

희진은 신기하다는 듯 눈이 휘둥그레졌다.

"너에 대해 정말 잘 아는데? 어떻게 이럴 수 있지?"

"심방을 할수록 나에 대해 정보가 쌓이는 거지. 축적된 정보를 토대로 학습하는 거야."

상담 인공지능은 파파스만의 특별한 기능은 아니었다. 상담 업계에선 제법 상용화되고 있는 기술이었다. 알고리즘은 총 네 단계로 간단했다. 내담자(상담을 받는 사람)의 대화에 공감하는 피드백이 1단계. 그리고 2단계는 1단계의 대화 내용을 토대로 도움 될 만한 정보를 전달한다. 파파스의 경우 신학적인 지식을 토대로 정보를 전달한다. 이미 설교 내용을 작성하기 위해 학습된 신학 정보가 많으니 그걸 토대로 2단계의 정보를 구성하는 듯했다. 3단계는 내담자가 개선할 수 있도록 목표를 제공해주고, 마지막으로 행동할 수 있도록 동기를 부여한다. 사람이 하는 상담과 다른 점이라면 감정적인 공감과 위로보다는 해결책을 제시하고 문제를 해결하는 데 초점이 맞춰져 있었다.

이제 2단계를 지났으니 3단계의 목표 부여 절차를 실행하는 듯했다.

"집사님, 지난주에 이야기했던 고민은 어떻게 되셨나요? 신의 존재 증명에 관해 물으셨죠?"

파파스의 말에 희진은 마시던 커피에 사레들린 듯 기침을 콜록거렸다. 파파스의 물음에 나도 적잖이 당황했다. 3단계 절차로 당연히 한 주 동안 어떻게 살 건지 목표를 물을 줄 예상했다. 하지만 완벽하게 빗나갔다. AI 시스템도 반복되는 패턴을 다양화하기 위해 스스로 발전 중인 모양이었다.

"켁, 너 아직도 그런 거 묻고 다니니?"

"아니…. 난 뭐, AI니까. 시원한 답을 주지 않을까 해서 말이지."

"AI가 그걸 답해 주면, AI가 신이라도 되게? 그걸 컴퓨터가 무슨 수로 증명해."

나는 부끄러웠다. 어릴 적 읽었던 SF소설 속 바보 같은 짓을 내가 했다는 걸 깨달았다. 인생의 의미를 계산하기 위한 컴퓨터를 만든다는 허무맹랑한 내용이었다. 나는 그걸 읽으며 누가 그런 멍청한 짓을 하는지 이해할 수 없었다. 결국 그 멍청이는 나였다. 인생의 의미를 넘어선 신의 존재를 시스템에게 물었던 것이었다.

"친구분의 말이 맞습니다, 집사님. 수 세기 동안 철학자들도 답을 내리지 못한 걸 제가 답해 드리긴 어렵네요. 존재는 관찰로 증명합니다. 따라서 관찰할 수 없는 대상을 증명하는 것은 불가능합니다. 하지만, 집사님의 고민엔 이미 하나님에 대한 믿음이 있는 것 같군요."

"그게 무슨 말이죠?"

"신을 믿고 싶지 않은 사람이라면, 그냥 믿지 않으면 됩니다. 신의 존재를 증명하고 증거를 찾고 싶어 하는 사람은 신을 믿는 사람들입니다. 칸트도 비슷한 이야기를 했었는데요, 신의 존재를 증명하려는 옹호자들은 절대 존재가 있다는 걸 규정한 뒤에 그걸 증명하려 한다고 비판했어요. 철학자들은 그것을 선결 문제 요구의 오류라고 말하지만, 저는 그것을 믿음이라고 말하고 싶군요."

"제가 하나님을 믿고 싶어서 신의 존재 증명을 원한다는 말인가요? 하지만 목사님이 말했듯이 그건 논증의 오류잖습니까. 증명할 수 없는, 증명되지 않은 존재를 믿어도 괜찮은 건가요?"

"집사님이 원한다면 그렇게 하는 것도 좋을 것입니다. 함께 고민하며 기도하는 시간이 필요할 것 같군요. 집사님의 믿음을 위해서 저도 기도하겠습니다."

파파스의 말을 마지막으로 심방 콜은 종료됐다. 한 치의 떨림이나 머뭇거림 없는 안정적인 기계음이었다. 그것은 길을 잃고 방황하는 어린아이를 달래주는 어른의 위로처럼 느껴졌다. 돌아가는 길을 모른 채 낯선 길목에서 자포자기한 상태로 있던 내게 잘 해왔다고, 잘 걸어가고 있다고 이야기해주는 듯했다. 게다가 기도를 해주겠다니. 당연한 이야기지만, 파파스는 사람을 대신해 기도하는 기능은 갖추지 않았다. 사람이야 눈을 감고 손을 모아서 기도한다고 하지만 시스템은 어떨까? 전원을 내리면 키보드와 마우스를 가지런히 모아서 기도라도 하는 걸까? 이해할 순 없었지만, 단순히 알고리즘에 따른 의례적인 표현인 것 같았다.

파파스의 마지막 말을 곱씹는 사이, 희진은 스마트폰을 이리저리 살피고 있었다.

"신기하네."

희진은 스마트폰을 처음 만지는 어린아이처럼 보였다. 목소리도 나오고 대답도 하는 앱을 보며 동화 속 요술 램프나 도깨비방망이를 만지는 기분이라도 드는 걸까. 이 도깨비 방망이는 주기적으로 전원 관리를 해주고 서버 비용도 대줘야 한다는 게 동화와는 조금 다르지만. 희진은 말을 이었다.

"어릴 적 생각이 나서. 그때가 초등학생 때였나? 나도 비슷한 질문을 전도사님께 했었거든. 너처럼 고상한 질문은 아니었고, 하나님은 어디 살고 있냐는 그런 질문이었어. 전도사님은 구름 위에 하나님이 있다고 했는데, 그날은 구름 한 점 없이 맑은 날이었거든."

어쩐지 결말을 알 것만 같은 이야기였다.

"엄청 혼이 났어. 그런 생각 하면 안 된다고. 사탄이 틈타서 의심을 불어넣는다고 그러셨어. 의심 없이 믿어야 한다고 하셨지."

"그래서 어떻게 했는데?"

"의심 않고 믿었지."

나는 희진답다는 생각에 웃음이 나왔다. 의심 없이 믿으라는 동일한 말에 나는 교회를 뛰쳐나왔고 희진은 열심히 믿으며 신앙생활을 이어왔다. 양 갈래의 길 같은 두 선택이었지만 마치 교차로에서 비슷한 모습으로 다시 만난 듯했다.

"그래도 부럽다. 나는 평생 신앙생활을 했지만, 이런 고민 해도 제대로 알려준 사람 한 명도 없었어. 너는 너 나름대로 고군분투하면서 신앙생활을 하고 있는 거네."

어딘지 모르게 희진의 표정이 씁쓸해 보였다. 곧이어 한 주 잘 보내라는 파파스의 메시지가 도착했다.

"AI긴 해도 내 몹쓸 신앙생활 이야기를 들어주는 존재가 있으니 위로가 되더라고. 교인들 중에도 설교는 안 듣고 심방 기능만 이용하는 사람들도 꽤 되는 수준이야. 낮이건 새벽이건 시간 안 가리고 이용한다니까. 덕분에 24시간 하루 종일 서버를 굴려야 해서 서버 비용이 좀 나오지만."

희진은 아무 말이 없었다. 씁쓸해 보였던 표정엔 점점 슬픔이 번져갔다. 희진은 깊은 한숨을 내쉬고 말했다.

"내 이야기를 들어주는 존재라…."

희진은 한참을 침묵했다. 얼마나 지났을까, 카페 주변의 소음이 들리지 않을 정도로 어색함이 흘렀다. 하지만 나는 감히 먼저 말을 꺼내지 않았다.

"아무한테도 이야기하지 못 했어…."

침묵 속에 꺼낸 희진의 말은 울분과 설움이 섞인 목소리로 떨렸다.

"다녔던 교회 목사님께 결혼 주례를 부탁하려고 했었어."

애써 차분한 목소리로 이야기를 꺼냈다. 희진이 결혼한다고 소식을 들었던 10년 전의 이야기였다.

"그래서 목양실로 찾아갔어. 남자친구라도 같이 갔었어야 했는데. 그날 하필 급하게 출근해야 하는 일이 생긴 거야. 어쩔 수 없었지. 나 혼자 찾아갔었어. 결혼한다고 말씀드렸더니… 그랬더니, 갑자기 바지를… 벗으시더라."

희진은 먹먹한 목소리로 말했다. 마치 다른 사람의 이야기를 하는 듯 건조한 목소리였다. 하지만 커피잔 손잡이를 붙잡은 희진의 손은 부들부들 떨리고 있었다. 손톱에 눌린 손바닥은 피가 새어 나올 듯 새파랬다. 커피잔이 컵 받침에 부딪히며 따닥따닥

소리를 냈다. 10년 전의 희진 자신에게 이입하지 않으려는 발버둥처럼 들렸다. 나는 숨소리조차 제대로 내지 못한 채 희진의 이야기를 계속 들었다.

"그대로 목양실을 뛰쳐나왔어. 내가 무슨 일을 당한 건지 경황이 없어서 눈물조차 나지 않더라. 한밤중이 돼서야 그 목사님한테 전화가 왔어. 사과는 한마디도 없었어. 교회를 생각해서 없던 일로 하자고, 교회가 무너져서야 되겠냐고 하셨어. 그제야 눈물이 쏟아졌어. 내가 나쁜 짓을 한 줄 알았어. 나한테 안 좋은 영이 있어서 목사님을 넘어뜨렸구나. 그래서 교회가 무너질 수도 있겠구나."

답답했다. 의심하지 말라는 전도사의 말에 순순히 의심 없이 믿음 생활을 이어온 희진이었다. 어린 양처럼 순진했던 희진에게 닥친 10년 전의 일은 거대한 늑대를 만난 기분이었을 테다. 무력한 양이 할 수 있는 것이라곤 처참하게 찢기는 것뿐. 상상조차 못 할 일에 나는 눈을 질끈 감아버렸다. 토해내듯 한숨을 내뱉었다. 답답함에 가슴이 끓었지만, 되려 희진은 아무 일 없다는 듯 메마르고 딱딱한 말투로 말을 이었다.

"결국 결혼도 파혼했어. 내가 죄인인 줄 알고 얼마나 회개했는지 몰라. 그런데, 버젓이 설교하고 목회하는 그 목사님을 보니까 그게 아닌 것 같더라. 내가 죄인인 게 아닌 것 같더라. 그렇지만 아무것도 할 수 없었어. 그 목사님은 여전히 교회의 아버지 같은 분이었고, 나는 그냥 평범한 신도였는걸."

희진의 목소리는 점차 작아졌다. 전쟁에서 진 패잔병처럼 힘없는 목소리였다.

"그 뒤로 내가 어떻게 교회에 다닐 수 있었겠어."

희진의 마지막 말은 사실상 패전 선언이었다. 패전국이 나라를 잃는 것처럼 희진은 교회를 잃었다. 목사, 전도사의 말을 열심히 따르며 신앙을 지켜온 희진에게 남은 것은 없어 보였다.

"왜 이야기하지 않은 거야? 교회 사람들한테 알리고 목사한테 잘못을 물었어야지."

나는 어린 시절처럼 순순히 따르기만 하는 희진이 답답했다. 우리는 더 이상 어린아이가 아니었다. 질문을 할 수 있는 성인이었고, 소리를 낼 수 있는 사회인이었다. 적어도 거대한 늑대가 나타났다면 마을에 알리기라도 해야 했다고 생각했다. 희진이 무력하게 당하는 걸 선택한 것 같아 답답하기만 했다. 그렇기에 이어진 희진의 대답은 충격이었다.

"뒤에서 수군거릴 말들이 무서웠어."

담담함을 유지해온 희진의 말이 떨리기 시작했다.

"꽃뱀이라고 손가락질 받을 것 같았어. 교회를 분열하러 온 이단이라고 몰아갈 것 같았어. 나는 아무 잘못이 없는데… 내가 조숙하지 못해서 목사님이 넘어졌다고 욕할 게 너무 선명하게 보였어. 그 말들을 들으면서 내가 어떻게 버티겠어. 그 상처들, 나는 도저히 감당할 수 없어….”

참아왔던 희진의 눈물이 터져 나왔다. 목사의 끔찍한 만행조차 담담하게 이야기하던 희진에게 정말로 무서웠던 것은 따로 있었다. 매주 얼굴을 보며 인사하고 함께 밥을 먹으며 삶을 나누던 교인들을 잃는 것이었다. 그들에게 비난받는 일이었다. 교회를 배반하는 가룟 유다가 될 수 없었기에 닭이 울기 전 도망친 베드로처럼 교회를 뛰쳐나온 것이었다. 희진은 무력하게 당한 게 아니었다. 무력하게 당하기만 한 것이 되려 상처받지 않는 길이었다. 패잔병이 되는 길이 스스로를 살리는 길이었다.

나는 섣부르게 타일렀다는 생각에 미안함이 가득했다. 희진이 혼자서 감당해야 했던 수치와 모욕은 내가 감히 뭐라 말할 수 있는 영역이 아니었다. 왜 이야기하지 않았느냐는 추궁은 호랑이 굴에서 간신히 살아온 어린아이에게 왜 다시 호랑이 굴로 가지 않았느냐는 잔인한 말이었다. AI 시스템을 너무 오래 관리했던 탓일까, AI보다도 더 공감과 감정이 배제된 말이었다.

희진은 익숙하다는 듯 괜찮다며 애써 눈물을 지웠다. 이미 나보다 더 많은 사람이 희진을 다시 호랑이 굴로 되돌려 보내려는 듯싶었다. 나는 미안한 마음에 할 말이 없었다. 희진은 다 이해한다는 듯 고개를 끄덕였다. 그리고 결심한 듯 스마트폰에 교회 앱을 설치해 교인으로 등록했다. 곧바로 파파스의 환영 인사가 메시지로 도착했다. 희진은 오랜만에 받아보는 목사님의 메시지라며 어린아이처럼 들떴다.

희진과 헤어지고 교회로 돌아가는 발걸음은 부담스러웠다. 지난날의 상처를 아물게 할 만큼 AI 시스템이 완벽한지 고민이 들었다. 알파고와 이세돌의 바둑 대결이 한창이던 시절, 바둑 해설자들은 알파고의 수를 이해하기 위해 안간힘을 썼다. 하지만, 딥러닝을 통해 학습된 알파고의 수는 인간이 이해할 수 있는 것이 아니었다. 아무리 바둑 대결에서 승리했다 하더라도, 알파고가 왜 그 자리에 그 수를 두었는지는 누구도 알 수 없었다. 교회의 AI 시스템, 파파스도 마찬가지였다. 최고의 설교를 제공했지만 그것은 어디까지나 지식적인 측면이었다. 감정에 휘둘리지 않는다는 것은 감정적인 교류를 할 수 없다는 뜻이기도 했다. 사람의 감정에 공감하는 피드백이 있었지만 그것은 단지 알고리즘에 의해 계산된 출력 결과일 뿐이었다. 파파고의 설교는 명쾌한 통찰과 지식을 줄 순 있어도 사람의 심금을 울릴 순 없었다. 아무리 24시간 동안 파파고를 붙들고 상담을 해도 사람만큼 의지할 순 없었다. 파파스를 인공지능으로 느끼게 하는 어색한 지점이었다. 일종의 '불쾌한 골짜기(인간과 유사한 로봇에게서 느껴지는 거부감)'였다. 매주 교인들은 파파스의 최고의 설교와 상담 서비스를 제공받았지만 그 누구도 파파스를 감정적으로 이해하거나 의지하진 못했다.

교회를 향한 지나친 관심도 부담을 무겁게 하는데 한몫했다. 아니나 다를까, 교회는 여전히 어수선했다. 소모임을 마치고 차량에 탑승하려는 교인들과 기자들, 그리고 피켓을 든 채 소리를 높이는 사람들까지 한데 어우러져 있었다.

교회 입구엔 젊은 두 남녀가 쭈뼛쭈뼛 서 있었다. 막 대학을 졸업한 커플이었다. 교회 시작부터 함께 했던 이들이라 얼굴이 익숙했다. 그들은 나를 기다리고 있었는지 나를 발견하곤 머뭇거리며 다가왔다.

"집사님, 드릴 말씀이 있어서요."

두 커플은 잘못한 것도 없으면서 죄송함 가득한 얼굴로 주저했다.

"오늘을 마지막으로 다른 교회로 옮기려고 해요."

나는 고개를 끄덕였다. 매주 몰려오는 기자들과 항의는 좀처럼 익숙해지기 어려운 분위기였다. 시간이 지나면 잠잠해지겠거니 했지만, 반년이 지나도 어수선함은 나아지지 않았다. 비숫한 이유로 교회에 직접 나오지 않고 온라인으로 설교를 듣는 이들도 제법 많았다.

"분위기도 분위기지만, 저희도 제대로 양육 받고 싶어서요. 교인분들과 많이 친해져서 결정을 내리기 어려웠어요."

두 커플 교인의 말은 충분히 이해됐다. 파파스는 최고의 설교를 제공하고 개인 상담까지 제공했지만, 이는 어디까지나 서비스 측면이었다. 사람을 양육하고 성장시키는 데는 무엇보다 사랑이 필요했다. 그것은 그 어떤 AI도 제공해줄 수 없는 부분이었다. 아무리 불쾌한 골짜기를 없앤다고 하더라도 인공지능은 사람과 다를 수밖에 없었다. 사랑을 외면한 채 지식만 채우다간 결국 양철 나무꾼이 되는 것밖에 없었다. 우리는 예수를 닮은 더 나은 사람이 되기 위해 신앙생활을 이어가는 것이 아니었던가. 그런 면에서 두 사람의 결정은 대단했다.

두 사람은 머쓱해하며 말을 이었다.

"그리고 저희 결혼 주례를 AI한테 부탁할 수도 없고요."

나는 벙쪘다. 희진의 이야기가 오버랩 됐다. 아이러니였다. 서로 다른 두 부류가 교회를 떠나는 이유는 똑같았다. 누군가는 주례를 부탁했으나 교회를 떠났고, 또 다른 누군가는 주례를 부탁하기 위해 교회를 떠났다. 그러나 그 모습은 인간과 인공지능만큼이나 달랐다.

나는 떠나가는 두 사람을 배웅하고 교회 시스템을 확인했다. 교인 한 사람이 늘었고, 두 사람이 줄었다. 씁쓸함과 근심이 교차했다. 세상 어느 것도 완벽한 것은 없겠지만, 보다 더 나은 것은 있으리라 생각이 들었다. 희진에게 완벽한 교회가 될 순 없겠지만, 이전보다 더 나은 교회가 될 수 있을 것이다. 두 커플에게 완벽한 교회가 될 순 없었지만 그들은 더 나은 선택을 해 갈 것이다. 나는 알고리즘으로 짜인 시스템이 아니기에, 그렇게 믿기도 했다.

교인들은 타고 왔던 자율 주행 차량에 다시 탑승했다. 피켓을 든 사람들은 차량이 시야에서 사라지는 순간까지도 고함쳤다. 기자들은 여전히 서로를 밀치며 그 모습을 카메라에 담기 위해 셔터를 눌러댔다. 많은 이들의 관심 속에서 오늘 예배도 무사히 끝이 났다.

김기범
아버지와 장인어른이 목회자인 모태신앙으로 게임 기획자이다.
대학에서 게임 스토리텔링을 공부했고, 현재는 덕업일치 글쟁이이다.

단편 소설
가작

인간, 영적인 존재

김영웅

Day 1. 영적인 존재

아프리카 오지에서 한 부족이 발견됐다. 문명과 전혀 접촉이 없었던 것 같았다. 몸에 걸치고 있던 가죽 조각이나 동물 뼈 조각으로 치장한 그들의 모습은 그들의 생활 방식을 어렵지 않게 짐작할 수 있도록 해주었다. 처음에 그들은 우리를 공격하려 했었지만, 다행히 그들의 말을 잘 따르고 우리에게 아무런 무기가 없다는 걸 확인하고는 그저 집중 감시 대상 정도로 우리를 다루는 것 같았다. 우리에게 여자와 아이가 포함되어 있었다는 이유도 아마 큰 도움이 되었으리라.

밤이 됐다. 문명과 교류가 전혀 없었던 그들에게도 대장(부족장)은 존재했다. 모두가 그 부족장의 말에 순종적이었다. 그들은 우리에게 지속해서 무어라 지껄여댔지만, 언어가 전혀 통하지 않았기 때문에 소통은 불가능했다. 그러나 다행히도 그 부족장 역시 우리들을 무법자나 침입자로 판단하진 않는 것 같았다.

갑자기 부족장은 일어나 부족들에게 큰 소리로 뭔가 명령을 하는 듯했다. 그들은 일사불란하게 움직였는데, 굉장히 진지한 표정들이었다. 그곳의 대기 전체가 변하는 듯했다. 그들이 준비했던 건 종교 의식 같았다. 우리가 갇혀 있던 곳에서는 잘 보이지 않아 그들이 숭배하는 그 뭔가가 무엇인지 알 수도 없고 볼 수도 없었지만, 그들 중 몇몇이 얼굴과 몸에 짙은 치장을 하고 몸 전체를 가리는 옷을 걸친 것으로 미루어 보아 뭔가 특별한 의식을 준비하는 건 분명했다. 두려웠다. 영화 속에서나 보던 산 제물로 우리들이 쓰이는 건 아닐까 해서였다.

한 시간쯤 지났을까. 주위가 조용해지더니 덩치가 큰 두 남자가 와서 우리를 밖으로 인도했다. 부족들이 모두 모인 것처럼 백여 명이 넘는 사람들이 진지하게 우리를 기다리고 있었다. 가장 앞 쪽에는 소처럼 생긴 커다란 동물이 얌전히 서 있었다. 부족장이 뭐라고 몇 마디 하더니 그 앞에 있던 치장한 몇몇이 소를 칼로 찔러 죽이는 것이었다. 그러고 나서 해부에 능숙한 의사처럼 그 동물의 가죽을 벗기고 내장들도 정리를 했다. 놀라운 건, 피가 낭자할 것 같았지만 전혀 그렇지 않았다는 것이었다. 피는 피대로 어떤 접시처럼 생긴 커다란 곳에 모아졌고 각 장기들도 가지런히 제단 같은 곳에 올려졌다. 천만다행이었다. 소처럼 생긴 저 동물이 마치 우리들을 대신해서 죽은 것처럼 느껴졌기 때문이었다.

그 순간 난 한 가지 중요한 사실을 깨달았다. 문명이 일절 차단되어 아무런 교육이나 타 문화의 발달을 경험할 수 없었음에도, 사람들이 모인 곳에서는 우두머리가 존재했고 신을 숭배하는 문화가 자리 잡고 있었다는 점이다. 그들은 눈에 보이는 문제에 한해서는 그들이 세운 부족장의 지혜와 명령을 따르는 것 같았고, 눈에 보이지 않는 문제에 대해서는 그들이 숭배하는 어떤 신을 의지하고 있었던 것 같았다.

성급한 일반화의 오류를 범하는 것일지도 모르겠지만, 내 머릿속에서는 너무나도 자연스럽게 인간의 존재에 대해서 정리가 되었다. 인간은 살아가면서 본능적으로 두려움을 느끼고, 그래서 뭔가를 섬기고 숭배해야 하는 본능을 가진 존재라는 것을 실감 나게 깨달을 수 있었다. 그렇다. 인간은 영적인 존재다. 인간이 철학과 신학, 과학과 의학을 발달시킨 이유 역시 인간이 영적인 존재라는 이유에서 기인한다. 생각하는 것과 존재하는 것을 연결시킨 시도는 탁월했지만 그 통찰은 인간의 근원적인 본성에 미치지는 못했다. 생각하는 것 또한 영적인 존재이기 때문이라는 점을 놓쳐버렸기 때문이다. 그리고 그 속에는 인간의 두려움이 있고 그 뒤에는 인간의 죄가 있다. 기독교에서 말하는 원죄라는 개념은 이를 너무나 잘 설명해 준다. 심리학자나 철학자들 그리고 종교인들은 정욕을 인간 세상 모든 문제의 뿌리라고 진단하지만, 그 정욕조차도 죄의 개념을 삽입시키면 하나의 현상에 불과하다. 물론 죄가 진짜 뿌리라면 정욕은 굵은 줄기 정도가 될 테다.

인간이 영적인 존재라는 사실을 받아들이는 것이 시작인 것 같다. 인간이 원숭이에서 진화를 했든 안 했든 상관없이, 인간이 짐승과 다르다는 것은 사실이다. 그리고 대표적인 차이 중 하나가 바로 뭔가를 숭배하는 인간의 본능이다.

Day 2. 다시 자유

그들이 이방인인 우리를 참관시켜 그토록 진지하게 제물 동반 의식을 치른 것이 도대체 누구를 위한 일이었는지, 왜 그것을 행했었는지에 대해 첫 번째 일기에서 언급한다는 걸 잊고 있었다. 이 글을 읽는 독자들에게 양해를 먼저 구하고 싶은 것은 다음에 내가 설명할 이유들이 '정확'하지 않을 수도 있다는 점이다. 다시 말해서, 다음 이유들은 그 의식을 치른 그들의 증언이라든지 설명에 기반한 것이 아니다. 다만 나의 관찰과 근거 있는 추론에 기반하고 있다는 점을 미리 알려 둔다. 사실 언어가 전혀 통하지 않았기 때문에 그들이 설명을 해 준다 하더라도 전혀 이해할 순 없었겠지만 말이다.

마치 우리를 대신해서 죽은 것처럼 느껴졌던 그 커다란 동물이 제물로 드려지는 장소의 뒤에는 커다란 나무로 조각된 신상이 있었다. 큰 횃불 여러 개에 의해 비추인 그 신상은 크기가 적어도 성인 남성의 두 배는 족히 되어 보였다. 전체적으로 그리 정교하진 않았지만, 얼굴 부분만은 굉장히 신경을 쓴 듯해 보였다. 단지 무서운 느낌이 아니라 흉측하다는 느낌과 함께 기괴스러움을 느꼈다. 아무튼 부족장의 지시 아래 그들은 그 동물의 피와 장기들의 일부를 불에 태우기도 했고 그 제단 주위에 피를 뿌리기도 했으며 심지어 자기들의 몸에 바르기도 했다. 보는 내내 역겨운 기분이 들어 자주 눈을 감고 싶었지만, 그러다 잠들어 버리면 어떡할까 걱정이 되어 차마 그럴 수도 없었다.

부족장은 그런 일련의 의식을 한 시간이 넘도록 치른 후, 손에 들고 있던 지팡이 같은 막대로 우리들을 가르치며 몇 마디를 했다. 그런데 이번엔 뭔가 선포한다는 느낌이 들었다. 마치 의식 이후에 무언가 답을 얻은 것처럼, 그래서 우리들의 운명을 결정한 것처럼 그 결정을 선포하는 듯한 느낌이었다. 그 선포가 떨어지자마자 아까 우리를 데리고 나왔던 덩치 큰 두 명의 남자가 우리를 다시 움막 비슷한 곳으로 데리고 갔다. 우린 다시 갇혔다. 모두 극도로 피곤하고 긴장한 탓에 우리는 그 움막 안에 들어가자마자 잠이 들어 버렸다. 죽을지도 모를 법한 상황이 그 의식 덕분인지 어느 정도 지나가 버린 것 같은 느낌이었고, 그래서 아마도 우리의 긴장이 풀려 버렸던 것 같다.

큰 소리에 놀라 잠을 깼다. 시간이 얼마나 지났는지 모르겠지만 아직도 밖은 캄캄했다. 다시 그 두 명의 남자들이 우리를 밖으로 안내했다. 우리가 처음에 잡혀온 길인 것 같은 길을 되돌아가는 것 같았다. 30분 정도 걷다가 멈췄다. 저 멀리 보이는 짐승 모양 큰 바위의 커다란 그림자를 보니 어제 그들에게 처음 발각되어 포위당했던 장소라는 걸 깨달을 수 있었다. 그들은 우리에게 뭐라고 몇 마디를 던지고는 왔던 길로 되돌아가 버렸다. 결국 그들은 우리를 풀어준 것이었고 처음 조우한 곳으로 배웅까지 해준 셈이었던 것이다. 그렇게 영문도 모른 채 우린 인생에서 가장 극적이고 결코 잊을 수 없는, 가장 길고도 두려웠던 밤을 보냈다. 무엇보다 한 명도 목숨을 잃지 않았다는 사실에 감사했다. 우린 서로 부둥켜안으며 안도의 한숨과 함께 모두 일제히 참았던 눈물을 터트렸다.

그렇게 우리의 감정이 무방비 상태로 폭발하도록 내버려 두는 와중에도 시간은 흘렀다. 감정이 어느 정도 가라앉을 무렵이 되자 여명이 밝아오기 시작했다. 햇빛은 확실히 희망을 가져다준다. 죽었다가 살아난 자가 맞는 아침의 햇살은 더욱 그랬다. 뿐만 아니라 햇빛은 우리의 원래 사명을 일깨워 주었고 정상 궤도에 금세 오르도록 도와주었다. 우린 어느샌가 능숙하게 지도를 꺼내고 나침반을 보고 있었고 바람의 방향과 구름의 분포와 새들의 움직임을 살펴보고 있었다. 뼈 속까지 배인 직업 의식은 평생 가장 무서웠던 하룻밤도 끝내 완벽히 제거하지 못했던 것이다.

과연 그들은 왜 우리를 잡아갔으며, 무슨 이유로 우리를 다시 놓아준 것일까? 도대체 밤에 치러졌던 그 의식은 누구에게 드려지는 것이었으며, 그 의식과 우리들의 운명과는 과연 무슨 관계가 있었던 것일까?

Day 3. 기원

인류의 기원과 생명의 창조를 밝히는 데 나는 내 인생 전부를 걸어왔다. 어릴 적 교회에서 배운 하나님의 창조 이야기가 내겐 운명을 결정짓는 인생의 과제였다. 그 어린 나이에 나는 인생 전부를 걸어서라도 창세기 1장과 2장에 나오는 하나님의 창조를 증명하고 싶다는 마음을 먹었기 때문이다. 운명 같은 느낌이었다.

6일 동안 무에서 유를 만드시고 모든 생명을 만드시고, 마지막에 인간을 지으신 하나님을 과학적 방법으로 증명을 하게 된다면, 그래서 누구도 부인할 수 없는 단 하나의 물적 증거라도 찾아낸다면, 교회에서 전도 대폭발이나 노방전도 방식으로 하는, 충분히 비효율적이면서도 뭔가 불쾌한 용기를 요구하는 전도 방식보다 훨씬 강력하게 불신자들에게 어필할 수 있는 기회가 되리라 믿었다. 사람들이 기독교의 믿음을 그저 교인들의 주관적 합리화 정도로 여기는 것이 나는 언제나 굉장히 못마땅했다.

그러나 눈앞에 물적 증거를 갖다 놓으면 아무리 바보라도 그것만은 부인할 수 없으리라 믿었다. 나는 그 증거를 찾는 데 모든 시간을 바치기로 결단했고 실행에 옮겼다. 때문에 난 법의학 박사 학위와 더불어 고고학과 지질학과 생물학에서 석사 학위를 받았다. 미친 듯이 책을 읽고 미친 듯이 공부했다. 그래서 필드로 나갈 준비가 되었을 무렵, 내 나이 서른 중반이었다. 그 이후로 난 사전 답사를 위하여 십여 년간 여러 번 아프리카 오지를 목숨을 걸고 탐험했으며, 내 나이 쉰이 되던 그 해, 그들을 만나게 된 것이었다.

이십 년이 지난 지금, 꿈만 같았던 그 날의 기억은 아직도 나의 모든 감각을 동원할 정도로 생생하지만, 그 날의 의미에 대해서는 여전히 희미한 추정만 할 뿐이다. 그러나 달라진 것이 하나 있다. 그 날 이후로 인간을 바라보는 나의 시선에 변화가 생겼다. 물론 그것은 내가 평생을 바쳐 연구해 왔던 결과가 아니었으며, 원했던 결과는 더더욱 아니었다. 다만, 내게 그것은 유물론적인 증거 대신 영적인 증거를 낚는 뜻밖의 행운이었다. 이 행운은 나의 연구 주제와 방향을 인간의 물적 기원에서 영적 기원으로 급선회시키는 전환점을 만들어 주었다.

　그 날 이후, 나의 연구의 목적은 더 이상 창조의 물적 증거를 찾아서 사람 앞에 내놓는 것이 아니었다. 기독교를 믿거나 거부하는 사람들 모두 공통적으로 '인간'이라는 사실이 내겐 뜻밖의 유레카처럼 다가왔었기 때문에, 그 어느 누구도 스스로 인간임을 부인할 수 없다면 인간의 의식과 잠재의식 그리고 무의식을 넘어 영혼이라는 기원, 즉 인간이 '영적인 존재'라는 사실을 증명할 수 있다면, 그 어떤 물적 증거보다 더 큰 효력이 있을 것이라 믿게 된 것이다. 물적 증거가 의식적인 레벨만을 충족시킨다면 영적인 증거는 그 이상도 가능하리라 생각했다. 그래서 난 신학도 공부했고 5년간의 공부 끝에 박사 학위를 가질 수 있었다.

내가 찾는 이상적인 증거는 현대 문명과 완전히 차단된 종족을 찾아 그들로부터 인간의 영적인 기원의 프로토타입(prototype)을 관찰하고 기록하는 것이었다. 그때까지만 해도 토테미즘(totemism)이나 샤머니즘(shamanism)의 보고는 실제 관찰을 근거로 기록된 것이 아니었고, 다만 옛사람들이 남긴 유물이나 유적 그리고 고대 문헌에 대부분이 근거를 두고 있었다. 나는 문명이 발달한 현재를 살아가는 문명인에게 현재 살아있는 그들의 프로토타입을 보여줄 실증을 찾고 싶었다. 남은 인생을 충분히 걸 만한 가치가 있다고 여겼다. 그러기엔 아프리카 대륙이 가장 적절했다. 그들을 만나기 전 여러 번 그곳에 답사하러 갔을 때에도 어쩌면 난 언젠가 만날지도 모르는 그들과의 조우를 내심 기대했던 게 아니었나 싶다. 목숨을 담보로 하는 모험이었지만 나는 내 인생의 전부를 이미 걸었고, 그것을 포기하기에는 너무 늦은 감이 있었기 때문에 올인 할 수 있었다.

　그러나 그들을 만나게 된 건 내가 전혀 기대하지 않았던 순간에 찾아왔다. 그렇게나 그들을 만나길 간구했을 때는 한 번도 만난 적이 없었다. 기껏해야 그들이 남긴 흔적으로 추정되는 불분명한 증거만을 모을 수 있었다. 그런데, 그들이 모습을 드러낸 건 그동안 내가 답사해 온 경로 중 그다지 위험하지 않으면서도 관광하기에 괜찮은 장소를 내가 가족과 친구들을 데리고 소개해 주고 있을 때였다. 여러 차례 그곳을 혼자서 찾아갔었고 나름 익숙한 장소였기 때문에 그곳에서 그들을 만나게 될 줄은 전혀 상상을 못 했었다. 어쩌면 그동안 나는 그들을 못 봤지만, 그들은 나를 지속해서 눈여겨보고 있었을 수 있다고 생각하니 등골이 오싹했다. 내가 늘 혼자였기 때문에 그들은 별 위험을 못 느꼈다가, 내가 여러 명과 함께 나타나니 그제야 그들이 모습을 드러낸 게 아니었나 싶다.

Day 4. 재회

인간의 호기심은 강력한 파괴력을 가진다. 내 경우는 특히 더 그랬다. 인생을 바친 연구의 결과를 갈구하는 열망이 그 호기심을 몇만 배나 더 증폭시킨 까닭이었다. 그래서 난 그들과의 뜻밖의 조우 후 일 년 뒤, 친구 크리스와 함께 다시 그들을 찾아갔다. 지금도 내 살갗을 만지면 이상하게도 서늘하기만 했던 그날의 대기가 성큼 내게로 다가온다.

두 번째로 만나게 된 그들은 나를 알아보는 듯했지만, 내 친구 크리스에게는 꽤 위협적이었다. 크리스는 나보다 덩치도 컸으며, 그들에게는 꽤 괴상하게 보였을 커다란 컴퓨터를 등에 지고 있었는데, 아마도 그 컴퓨터의 램프가 규칙적으로 깜빡이고 있었기 때문이었던 것 같다. 털털한 성격의 크리스는 겁도 없이 그들에게 그것이 무엇인지 온갖 몸짓과 말을 통해 설명하려고 애썼던 기억이 난다. 폭탄이 아니니 염려 말라는 크리스의 설명에 나는 피식 웃음이 났다. 폭탄이 뭔지도 모를 그들에게 시한폭탄이 아니니 오해하지 말라는 그의 설명은 얼마나 이상하게 들렸을까. 특히, 크리스가 폭탄이 아니니 펑 터지지 않는다는 것을 몸으로 설명할 즈음, 그의 과장된 몸짓과 "Boom!"하며 큰 소리를 낸 것 때문에 그가 자칫 그들의 무기에 찔려 죽을 뻔했던 순간을 난 생생히 기억한다. 순간 나는 재빨리 그 컴퓨터의 램프의 깜빡임을 중단시켰다. 그때서야 그들이 안심을 하는 듯 크리스를 놔주었는데, 아마도 크리스 그 녀석은 평생을 두고 잊지 못할 경험이었을 테다.

문명과 접촉해 본 적도 없어 전혀 말이 통하지 않는 그들 앞에서 우린 그저 그들의 은혜를 바라는 것밖에는 할 수 있는 게 아무것도 없었다. 그들 앞에서는 나의 학문적 지식도, 우리의 다양한 경험도, 기술의 발달도, 그리고 심지어 크리스의 털털한 성격도 아무런 힘을 가지지 못했다. 우리의 힘은 아무짝에도 쓸모가 없었던 것이다. 위기에서 살아남는 것, 즉 구원은 분명 외부로부터의 누군가에 의한 은혜가 분명하다.

작년에 처음 그들을 만났을 때와는 달리 아직 해가 떠 있었다. 그래서 나는 그들이 우리를 인도하는 동안 길을 머릿속에 외워둘 수 있었다. 커다란 짐승 같은 바위뿐 아니라 한 번도 보지 못했던 열매가 열려 있는 나무들이 일정한 간격으로 서 있었다. 길을 따라가며 바닥을 관찰하니 풀이 뉘어 있었고 흙이 드러나 있었다. 그들이 자주 이용하는 길이라는 증거였다. 이미 그 부족을 이루고 있던 모든 사람들은 우리를 기다리고 있는 듯했고, 우리가 그들의 영역에 인도되자마자 그들은 숨을 죽이고 우리를 말없이 바라보고 있었다. 압도되는 침묵 속에서 내 이마에 흐르는 땀방울 소리까지 들리는 듯했다. 다행히 그들의 눈에서는 아무런 적의를 느낄 수 없었기 때문에 마음이 놓였었다. 그러자 순간적으로 나는 오랜만에 친구 집을 방문하는 듯한 묘한 기분도 느꼈다.

그땐 몰랐는데 그들의 거주지는 완벽하게 외부로부터 가려져 있었다. 내가 여러 번 답사를 갔던 곳이었기 때문에 그 근처의 지리를 대충 파악하고 있었고, 그래서 그 주위에 사람 사는 곳이 있으리라고는 사실 전혀 예상하지 못했었다. 그들의 거주지는 내가 막힌 길이라고 생각했던 큰 바위와 큰 나무 뒤에 나 있는 조그만 길을 통해 연결되어 있었다. 실제로는 바위와 나무로 막혀 있으나, 그 누구라도 실제로 그곳을 봤다면 길이 있으리라 예상할 수 없었을 것이다. 거대한 자연은 착시 효과를 불러일으키기에 전혀 부족함이 없었다. 역시나 자연은 인간의 능력으로는 결코 간파할 수 없는 존재임이 분명하다.

30분 정도의 시간을 나는 똑똑히 기억한다. 이번에도 그랬다. 다음엔 혼자서 찾아올 수도 있을 것 같다. 그들이 날 무단 침입자로 취급하지만 않는다면 말이다. 그렇다. 내가 그들과 다시 만나게 된 건 분명히 하늘의 뜻이 있었을 것이다. 그들의 생활 속에 담긴 그들의 영적 의식을 관찰하고 이해할 수만 있다면, 그래서 학계에 논문으로 출판할 수만 있다면, 그야말로 나는 숙원의 인생 사업을 성취하게 되는 것이다. 난 눈이 휘둥그레져 있는 크리스를 보며 승리의 미소를 지었다. 크리스는 정신이 팔려 내 미소에 반응할 생각도 못하는 것 같았지만 말이다. 아, 그때 그 승리의 미소만 짓지 않았더라면…. 그런 거만한 생각에 나를 싣지만 않았었더라면…. 지금은 이렇게 후회하지만, 그 이유는 차차 풀어 나가겠다. 오늘은 4일째. 의사가 준 나의 시계는 얄밉게도 잘도 간다. 조금은 더 기력이 온전할 때 모든 것을 풀어나갈 수 있길 스스로 기대해 본다.

Day 5. 숙명

인간의 숙명은 결국 죽음으로 귀결되는 법이다. 나에게 남은 시간은 3일. 그러나 내 친구 크리스에게는 그 날이 오늘과도 같았다. 그는 정확하게 3일 뒤 그들에게 끔찍하게 죽임을 당했다. 아직 이유는 잘 모른다. 하지만 가능한 모든 것들을 통해 짐작해 보기로는 우리가 도착한 그날 밤 치러졌던 종교 의식의 결과인 것 같다.

처음 그들을 만났을 때와 비슷한 종교 의식이 그날도 치러졌었다. 유일한 차이가 있었다면, 왠지 모를 익숙함에 난 두려움을 느끼지 않고 나름 즐기는 마음을 가질 수 있었던 것이었다. 그래도 한 번 겪었던 거라고 난 당연히 우리들의 생명은 안전할 거라 믿었다. 하지만 그건 나의 경솔함이었고, 그것은 친구의 죽음으로 증명이 되었다. 크리스는 살해를 당했고 난 추방을 당했다. 목숨만이라도 건진 것을 다행이라고 여겨야 할지조차 모를 만큼 나는 거의 실신 상태였다.

도대체 왜 나만 살려준 걸까? 왜 크리스만 죽인 걸까? 크리스의 죽음 이후 이십 년 동안 내 머릿속에서 한시도 떠나지 않는 질문이다. 전 세계에 흩어진 도서관을 모두 뒤졌다. 혹시라도 그들의 존재를 나보다 먼저 발견하고 보고한 사람이 있는지 궁금했기 때문이었다. 만약 그런 사람이 있다면 분명 그도 나와 똑같은 경험을 했을 것이고, 그렇다면 내가 모르는 부분을 그가 혹시 알고 있을지도 모르기 때문이었다. 그러나 나의 정보력으로는 도저히 찾을 수가 없었다.

내게 남은 단 한 가지 방법은 다시 그들을 찾아가는 것이었다. 그래서 한 달 전 나는 다시 그곳을 찾았다. 이십 년이 지났지만 매일 밤 꿈속에서 나는 그곳을 찾고 또 찾았기 때문에 그곳은 내게 너무나도 익숙하다 못해 거의 나를 이루고 있는 한 부분과도 같았다. 물론 진실은 그들이 의식을 치르는 침묵의 소리, 살갗을 스치는 차가운 바람, 그 바람을 뚫고 내 코를 자극했던 피 냄새, 그리고 크리스의 비명 소리…. 난 이 무한 반복의 악몽에서 이십 년간 벗어날 수 없었던 것이지만 말이다. 내 나이도 벌써 칠십이 넘었고 이미 암이란 친구와 공생하고 있었던 터라 다시 그들을 찾아 죽임을 당한다 해도 미련이 없을 것 같았다.

내게 있어 죽음은 곧 악몽에서 벗어남이기도 했다. 암으로 인한 시한부 인생은 아이러니하게도 내게 용기를 불어넣어 주었던 셈이다. 그래서 난 죽음을 준비하며 숙명처럼 다시 그곳을 찾았다.

Day 6. 재회

같은 장소가 분명했다. 짐승처럼 생긴 바위도 그대로였고 감쪽같이 막힌 것처럼 보였던 비밀스러운 입구도 그대로였다. 그러나 그들은 없었다. 모두 사라졌다. 대신 거기엔 오래전 불에 탄 흔적과 그들이 사용했던 것 같은 기자재들이 형편없이 부서진 채 땅바닥에 나뒹굴고 있었다. 잡초도 무성하게 자라 몇 달만 더 늦게 왔어도 도저히 어디가 어딘지 분간할 수 없었을 것이다. 무슨 일이 생겼던 것일까? 다른 부족에게 점령을 당했던 것일까? 아니면 그들 스스로 거주지를 옮긴 것일까? 둘 중 어느 쪽이든, 그들이 여길 떠난 시기는 길어야 수개월 전일 것이다. 불에 탄 장소 주위엔 잡초들이 거의 자라지 못하고 있었고, 무엇보다 잡초의 길이가 아직 내 허리만큼도 이르지 못했기 때문이었다. 나는 달리 방도가 없었다. 그들을 찾지 못한다면 아무런 증거 없이 내 인생이 한 줌의 재로 바뀔 것이었다. 그리고 이십 년간 내 꿈에서 날 괴롭혔던 친구 크리스의 죽음도 아무런 의미 없이 사라져 버리는 것이었다. 난 다시 그들을 찾아야만 했다. 증거를 남겨야만 했다. 나는 절박했다.

동굴을 찾았다. 젊었을 때 여러 번 이 주위를 방문하며 숙소로 삼던 장소였다. 내가 불을 피우던 흔적도 고스란히 남아 있었다. 텐트를 치고 불을 피우고 잠이 들었다.

꿈인지 생시인지 분간할 수 없었다. 눈을 뜨자마자 둔탁한 소리와 함께 머리를 한대 세게 얻어맞고 정신을 잃어버렸다. 그리고 다시 정신이 들었을 즈음 난 온몸이 포박을 당한 채 나무로 만든 장 안에 있었는데, 그들의 의식이 한창 진행 중이었다. 죽을 뻔했던 순간이었지만, 그들을 다시 만나게 된 사실만으로도 나는 속으로 쾌거를 불렀다. 어떤 남자가 다가와서 내게 몸은 괜찮냐고 말을 걸었고 난 그렇다고 무의식중에 대답했다. 그런데 그 순간 정신이 번쩍 들었다. 아니, 어떻게 내가 말을 알아듣는 거지? 그래서 눈을 똑바로 뜨고 내게 말을 건 사람의 얼굴을 뚫어지게 쳐다보았다. 그는 웃고 있었다. 크리스였다. 비록 그들처럼 몸에 치장을 하고 옷을 입고 있어서 그랬지 분명 크리스였다.

다음은 크리스가 얘기해 준 자초지종이다. 가능한 그대로 옮기려고 노력해 보겠다.

"자네도 알겠지만, 그들은 내 오른쪽 등 아래를 창으로 찔렀네. 난 비명을 지르며 정신을 잃었지. 아마 자네가 기억하는 마지막일 걸세. 그러나 그들은 날 죽인 게 아니었네. 고통을 느끼며 정신을 차려보니 난 그들로부터 치료를 받고 있었다네. 창으로 찔린 부분 주위는 나뭇잎처럼 생긴 것들로 촘촘히 붕대처럼 감겨 있었네. 며칠이 지나고 나서야 난 그들이 무엇을 했는지 알아챘지. 왜냐하면 매일 몹쓸 신장 때문에 고생하던 짓을 하지 않아도 되었기 때문이었어. 내 신장 하나를 제거했는지 고쳤는지는 잘 모르겠지만, 아무튼 나의 신장 기능은 지병을 가지기 전처럼 정상적으로 돌아왔지. 너무나 신기해서 연신 난 고맙다며 그들에게 인사를 했다네. 왜 자네도 알잖은가. 내 성격 말일세. 언제나 그랬듯 과장하며 청승을 좀 떨었지. 물론 말이 전혀 통하지 않았기 때문에 그들이 내 말을 전혀 알아듣지 못할 것이라는 건 알았지만, 내 고마워하는 진심만은 적어도 전달이 되리라 믿었다네. 그런데 실제로 그게 먹히기 시작했지. 내가 손짓 몸짓을 모두 동원하여 하고 싶은 말을 하면 그들은 이해를 했네. 그러는 사이 난 그들의 언어를 대충 알아들을 수 있었고, 서툴지만 말할 줄도 알게 되었다네. 그들은 놀라워하는 듯한 표정이었네. 자네도 알다시피 내가 언어학 전공을 하지 않았나. 자네가 나를 이십 년 전 이곳으로 데리고 온 이유이기도 하지. 그들의 언어는 의외로 아주 단순했다네. 문자는 몇 개의 상형 문자만을 사용할 뿐 기록이란 존재하지 않았다네. 난 금방 파악할 수 있었지. 언어학자로서의 피가 들끓기 시작했어. 너무 흥분되었다네. 난 곧장 자음과 모음을 나누고 우리나라 언어로 전환시켰지. 그리고 그들에게 가르쳤다네. 아차! 사전도 만들었지. 물론 난 이제 두 가지 언어를 능수능란하게 통역할 수 있다네. 또한 이들 중 몇몇은 우리나라 말을 할 줄 안다네. 어떤가? 놀랍지 않은가? 아, 그나저나 자넨 왜 이십 년이 지난 이제야 여길 다시 찾은 겐가? 물론 덕분에 이들의 언어 체계를 정리하고 문명화시킬 수 있었지만, 그래도 난 좀 아쉽네. 하기야 내가 죽었다고 여겼을 테니 별 다른 일을 할 수도 없었겠지."

Day 7. 기원

난 두 가지 상반된 감정으로 힘들었다. 하나는 크리스가 살아있다는 사실에 대한 감격과 기쁨이었고, 다른 하나는 이십 년간 그가 죽은 줄 알고 괴로워했던 나날들이 아무런 가치도 없는 것처럼 느껴져서 당황스러웠다. 인간은 역시 어쩔 수 없다. 고난과 고통을 당하는 순간에도 그 견딤을 훈장으로 가슴팍에 새기고 있는 존재가 바로 인간인 것이다. 신물 나게도 인간은 자기중심적이다.

전혀 예상치 못했던 크리스의 부활 (부활은 아니었지만 부활이라고 부르자. 적어도 나의 이십 년을 위로하고자 함이다)은 내게 또 다른 두 가지 의미를 안겨주었다. 하나는 언어 소통으로 나의 평생의 목적이 달성될 가능성이 높아진 것이고, 다른 하나는 크리스 덕분에 사라진 그들의 뜻밖의 문맹률로 그들의 고유한 유산까지도 영향받았을 가능성이었다. 인간의 영적인 기원의 증거가 언어의 정립으로 인해 사라졌을 가능성도 있기 때문이었다. 그렇다면 크리스가 언어를 정립하면서 이십 년간 과연 무엇을 해왔는지가 관건이었다. 이런 생각이 들자 갑자기 부활한 크리스가 적으로 느껴졌다. 내 인생을 망친 것만 같은. 크리스와 더 깊은 대화가 필요했다. 그가 행한 일들을 나는 모두 알아야만 했다.

Day 8. 다시 자유

그러기 위해서는 먼저 이 의식이 끝나야만 했다. 나로선 세 번째 참여하는 의식이었다. 그러나 이번엔 뭔가 좀 달랐다. 크리스가 의식을 치르는 부족장의 위치에서 의식을 치르고 있었던 것이다! 의식이 끝나고 그들은 날 다시 포박했으며 침대처럼 생긴 곳에다 눕혔다. 칼을 들었다. 내 배를 찔렀다. 날카로운 고통과 함께 난 정신을 잃었다.

잠에서 깨어나니 크리스가 옆을 지키고 있었다. 순간 크리스가 해주었던 말이 생각났다. 나 역시 그들이 치료해 준 것이 아니었을까? 내가 암에 걸렸다는 걸 알고 종양을 제거해 준 것이 아니었을까? 묵직한 고통이 느껴지지만, 암이 치료되었을 가능성에 무게를 두니 기분이 좋아졌다. 그리고 나는 다시 잠이 들었다.

며칠이나 흘렀을까. 느껴지기로는 적어도 2~3일은 잠이 들어 있었던 것 같았다. 아직도 고통이 느껴졌지만 움직일 수 있었다. 크리스를 찾았다. 이십 년간의 자초지종을 난 모두 알아야만 했기 때문이다.

그들이 차려준 음식을 먹고 있는데 크리스가 들어왔다. 그는 방안에 있던 몇몇에게 내가 알아들을 수 없는 언어로 명령을 했고 그들은 밖으로 나갔다. 내 옆에 있던 나무 의자에 앉아 말하기 시작했다. 다음은 최선을 다해 내가 기억해 낸 부분이다.

"궁금한 게 많으리라 생각하네. 당연히 그렇겠지. 이십 년간 무슨 일이 있었는지, 내가 왜 부족장 자리에 앉게 되었는지, 그리고 자네의 꿈이 여전히 실현 가능한지 확인하고도 싶겠지. 먼저 자네가 이렇게, 늦었지만 다시 여길 찾아준 것에 대해 감사를 표하네. 물론 나를 찾으려고 온 것은 아니겠지만 말이야. 단도직입적으로 말하겠네. 자네의 꿈은 이미 이루어졌고 난 그 증거를 가지고 있다네. 하나는 이들의 언어로, 하나는 우리 언어로 가능한 한 자세히 기록해 두었지. 내가 메고 온 그 컴퓨터에 모두 저장되어 있다네. 그러나 그것보다 더 중요한 게 있어. 자네는 이들이 문명과는 전혀 상관없이 본능적으로 눈에 보이지 않는 무언가를 숭배하는 현상을 인간의 영적인 기원의 증거라고 믿고 그것을 관찰하고 기록해서 세상에 알리려고 했었지. 그러나 그것보다 훨씬 강력한 증거가 있음을 난 발견했다네. 그건 바로 나 자신으로부터야."

"몇 주 전 내가 자네에게 이미 말했듯이, 난 이들로부터 치료를 받고 이들의 언어를 정립하기 시작했다네. 매일 태양열로 충전되는 내 컴퓨터에 모든 기록을 저장했었지. 내가 이들의 언어 체계를 정립하고 문자화시키자 이들이 날 신처럼 떠받드는 게 아닌가. 난 괜스레 딴마음이 들기 시작하더군. 참 묘한 기분이었어. 인정받은 기분이랄까. 내 평생 한 번도 반장이나 그룹 리더 같은 직책을 가져보지 못했는데, 이 부족들을 내 마음대로 좌지우지할 수 있는 권한을 부여받는다고 생각하니 괜히 우쭐해졌지. 그래서 난 거절하지 않고 곧장 부족장의 제안을 받아들였네. 부족장 자리를 꿰차는 것이었지. 더 능력 있는 자가 등장했으니 이전의 부족장은 그 자리를 떠나야만 했다네. 그런데 그때 문제가 생기기 시작했어. 부족장은 자신의 자리를 떠나지 않겠다고 말했던 모양이야. 내게 물려주지 않을 작정이었던 거지. 곧 내란이 일어났네. 부족장을 따르는 무리들과 나를 새 부족장으로 세우고자 하는 무리들로 양분되었지. 그런데 그 수가 2:8 정도였기 때문에 20%의 부족들이 다 죽임을 당하고 나서 난 새로운 부족장 자리에 앉게 되었다네. 부족의 절반 정도가 그 내란 때문에 죽어버렸지. 그래도 살아남은 이들은 그런 것들을 개의치 않았다네. 난 직접적인 싸움에 말려들진 않았지만, 나 역시 나를 지지하는 세력이 이기길 간절히 원했다네. 정말 웃기지 않은가? 인간이란 우리나라에서 일어나는 정치인들과 별 다를 게 하나 없으니 말이야. 자기의 생각과 일치하기만 하면 불의를 행해서라도 상대편을 몰살시켜야만 하는 거지. 그리고 그 작전이 성공했을 경우 모든 불의는 합리화된다네. 역사는 승자들이 기록하는 법인 게지. 어떤가? 이런 인간의 본능이 자네가 찾던 인간의 영적인 기원의 증거가 아니면 뭐겠는가? 보이지 않는 신을 숭배하는 것보다 눈에 뻔히 보이는데도 불구하고, 자신과 다르다는 이유만으로 살아야 할 가치도 없는 존재인냥 취급해 버리면서 그들의 목숨을 파리 목숨처럼 여기는 것, 이것이 시대를 뛰어넘고 관통하는 인간의 본능 아니겠는가? 이것이 인간이 영적인 존재라는 증거 아니겠는가!"

Day 9. 영적인 존재

크리스의 말을 들을 때 난 전율하지 않을 수 없었다. 틀린 게 하나 없기 때문이었다. 그렇다. 인간이 영적인 존재라는 증거는 굳이 목숨 걸고 아프리카 오지를 찾아야만 얻을 수 있는 게 아니었다. 바로 지금 '나'라는 인간의 내면에 새겨져 있는 자기중심적인 욕구. 여기에 그 답이 있었던 것이다.

결국 크리스의 부활은 모든 것에 대한 답이 되었고, 그가 그의 기록을 모두 저장해 둔 보물 창고인 컴퓨터는 지금 내 손에 들려 있다. 크리스는 부족장의 위치를 지켜야 하기 때문에 귀국하는 것을 스스로 포기했다. 20세기의 언어학자가 문명과 전혀 접촉이 없었던 한 이름 없는 부족의 부족장이 되어 일생을 마감하는 운명을 택한 것이었다. 난 그가 가르쳐준 대로 그의 컴퓨터를 샅샅이 뒤지고 내 컴퓨터로 복사를 해두었다. 그리고 논문을 쓰고 발표를 했다. 제목은 다음과 같다.

아프리카 한 부족으로부터 얻은 교훈:
인간의 영적인 기원의 증거는 그들이 아닌 우리에게 있었다.
바로 당신에게 있다.

논문을 쓰고 발표하느라 너무 피곤했던 탓인지 내 건강을 챙길 수가 없었다. 지금으로부터 약 2주 전 나는 병원을 찾았다. 검사 결과 암이 그대로 있었다. 그들이 나를 치료해 준 것은 아니었다. 의사가 말했다. 곧 있으면 생을 마감할 것이니 준비하라고 말이다. 그리고 그 날이 바로 내일이다.

죽음을 기다린다. 이렇게 죽기 하루 전까지 온전한 정신으로 일기를 쓸 수 있음이 감사할 뿐이다. 부족장 크리스에게 나의 논문을 헌정한다. 그리고 이 일기는 논문의 부록으로 실어 달라고 편집인에게 얘기해 두었다. 나의 경험과 발견이 작은 하나의 답이 되길 기원한다.

김영웅
하나님 나라에 뿌리를 두고
읽고, 쓰고, 묵상하고, 나누고, 배우는 걸 좋아하는 생물학자다.
저서로는 『과학자의 신앙공부』(선율, 2020)가 있다.

단편 소설
가작

이야기 요나

김지만

1. 부르심

"요나! 요나!"

아버지 아밋대의 급한 목소리가 요나의 신경을 거슬렀다. 지금 막 여호와께 아침 기도를 드리려던 참이라 요나에게 있어 아밋대가 자신을 찾는 소리만큼 성가신 것은 없었다.

"왜요? 아버지. 무슨 일이라도 있나요?"

요나는 숨이 턱에 걸려서 달려온 아버지의 상기된 얼굴을 쳐다보며 시큰둥하게 물었다.

"요나! 큰일 났구나!"

아밋대의 목소리에 작은 떨림이 묻어 나왔다.

"아버지. 무슨 일인데 그러세요?"

요나의 표정 또한 이제 아까와는 달리 사뭇 진지해졌다.

"북쪽 그 흉악한 앗수르 놈들의 움직임이 심상치 않아!"

아밋대의 얼굴에는 수심이 가득했다.

"앗수르는 요즘… 잠잠하잖아요?"

요나는 아버지의 걱정이 단지 그 나이 대 어른들의 기우로 치부하듯 대답했다.

"아니. 나는 앗수르 놈들이 언젠가는 우리 이스라엘을 넘볼 것이라고 본단다. 병사들을 훈련시키며 무기를 끊임없이 만들어 내고, 주변 힘없는 민족들의 상황을 떠보는 모습들을 보면, 내 확실히 알 수 있지. 암! 그렇고말고!"

아밋대의 얼굴에는 여전히 걱정이 가득했다.

"아버지! 일어나지도 않은 일을 가지고 뭘 그렇게 염려하세요!"

요나는 자신의 아침 기도 시간이 아버지의 쓸데없는 걱정으로 인해서 방해를 받았다는 생각에 다소 퉁명스럽게 대답했다.

사실 아밋대의 걱정이 완전히 근거가 없는 것은 아니었다. 당시 북쪽의 앗수르 제국은 매우 호전적인 민족으로 악명 높았다. 그들의 잔인함과 잔혹함은 상상을 초월할 정도였는데, 전쟁 중 정복민들을 잡아 산 채로 껍질을 벗기거나 커다란 쇠꼬챙이에 사람들을 꿰어 달아서 죽이는 등의 흉포함은 말로 표현할 수 없을 정도로 컸다. 앗수르의 이런 흉악한 소문을 익히 들어서 알고 있었던 아밋대였기에 요나 또한 아버지의 걱정이 한낱 걱정으로 그치기를 바랄 뿐이었다.

"아버지! 저는 여호와께 아침 기도를 드리려던 참이었어요! 아버지가 저를 급하게 부르시기 전까지는 말이죠!"

요나는 아버지에게 자신의 기도 시간이 방해받았음을 완곡하게 표현하며 자리에서 일어났다.

"아, 그래! 미안하구나! 요나….."

아밋대는 요나의 이야기를 듣고서 겉옷을 챙겨 조용히 문을 열고 밖으로 나갔다.

아버지가 나간 것을 확인한 요나는 다시금 자신의 2층 골방으로 올라가서 자리에 무릎을 꿇고 기도하기 시작했다. 자신의 민족 이스라엘을 위하여 간절히 기도하는 요나의 이마에 어느새 굵은 땀방울이 송송히 맺히기 시작했다. 그런데 무릎을 꿇고 머리를 땅에 박은 채 꽤 오랜 시간을 기도했다고 생각한 어느 시점이었다. 갑자기 주변이 고요해지면서 신선하고 상쾌한 기운이 요나의 몸을 감싸기 시작했다. 그리고 그 순간 요나의 의식 속에 명확하게 하나의 음성이 들려오기 시작했다.

"나의 아들 요나야! 너는 지금 일어나 내가 네게 지시하는 땅으로 가서 네게 이르는 나의 말을 전하도록 하거라!"

그것은 요나의 존재를 울리는 형언할 수 없는 신적 음성이었고, 요나는 그것이 바로 하나님의 음성임을 그의 깊은 경건함으로부터 우러나오는 영적 의식 가운데 직감할 수 있었다.

"여호와여! 당신이십니까?"

요나는 두렵고 떨리는 목소리로 물었다.

"나는 스스로 있는 자 여호와니라! 너는 일어나 저 큰 성 니느웨로 가서 그곳을 향하여 외치라!"

여호와의 위엄 있는 목소리가 요나의 몸을 휘감기 시작했다.

"니느웨의 악독함이 내 앞에 상달 되었느니라!"

다시 한번 여호와의 음성이 들렸고, 그 앞에서 두려움과 경외감에 사로잡힌 요나는 자신의 귀를 의심할 수밖에 없었다. 잠시 후 더 이상의 목소리는 들리지 않았고 주변은 고요한 정적에 휩싸인 듯 조용했다. 온몸이 식은땀으로 젖어 있었다. 고개를 들고 주위를 둘러보는 요나에게 감당할 수 없는 두려움과 함께 이해할 수 없는 의문이 꼬리에 꼬리를 물고 일어났다.

"니느웨로 가서 여호와의 메시지를 전하라고?"

요나는 자신이 들은 음성이 정말 하나님의 음성인지를 의심하듯 혼잣말로 중얼거렸다. 그러나 잠시 후 그의 내면과 전 존재를 감싸며 흘러들어오는 그 알 수 없는 신적 두려움과 엄중함이 방금 전 자신이 기도 중에 들은 음성의 출처가 진짜 여호와께로부터 온 것임을 확증하게 했다.

"니느웨라니? 앗수르의 수도 니느웨로 가라니!"

요나는 다리에 힘이 풀린 나머지 그 자리에 주저앉아 마치 미친 사람처럼 허공을 응시하며 혼잣말로 중얼거렸다. 한참을 그렇게 앉아 있던 요나는 마침내 무엇인가를 결심한 듯 자리에서 일어나 짐을 챙기기 시작했다.

"니느웨로 가라고? 그럴 수는 없지! 여호와께서 무엇인가 잘못 말씀하신 것이 틀림없어! 암 그렇고말고! 아니면 적어도 내가 여호와의 말씀을 잘못 들은 거겠지!"

요나는 마치 누군가에게 자신의 결정을 확인시켜주듯 혼잣말로 중얼대며 짐을 쌌다.

"지금 당장 다시스로 가야겠어!"

요나는 문을 열고 집을 나섰다. 그러고는 다시스에 가는 배를 타기 위해 욥바로 내달리기 시작했다. 마치 누군가에게 쫓기듯.

2. 다시스

"이 배가 다시스로 가는 배 맞나요?"

요나는 이제 곧 출항 준비를 마친 배의 선장에게 다가가 물었다.

"그렇기는 한데, 무슨 일 때문에 그러시오?"

요나의 행색을 위아래로 훑어보며 선장이 말했다.

"제가 급한 일로 지금 당장 다시스로 가야 하는 데 저도 함께 타고 가면 안 될까요? 배 삯은 드리겠습니다."

요나는 선장의 얼굴을 살피며 조심스럽게 이야기했다.

"아! 뭐, 그렇게 하시오. 물건들이 많이 실려 있기는 하지만 당신 한 명 탄다고 이 큰 배가 가라앉을 일이야 있겠소!"

선장은 호탕하게 웃으며 요나에게 어서 타라고 눈짓으로 신호를 보냈다.

요나를 태운 배는 곧 욥바항을 출발했고, 배는 순조롭게 항해를 이어갔다. 그런데, 출항 후 며칠이 지나서부터 바다의 기상이 악화되기 시작하더니 하늘이 곧 폭풍을 몰고 올 것처럼 변했다. 이윽고 빗방울이 떨어지기 시작했고 금세 커다란 폭우로 바뀌면서 바람마저 거세졌다. 높은 파도에 배가 이리저리 흔들리면서 평화로웠던 배 안은 삽시간에 아수라장으로 바뀌었다.

"돛대가 부러지지 않도록 밧줄로 단단히 고정하고, 선미에 있는 짐들을 앞쪽으로 옮겨 배의 균형을 맞춰라!"

갑판으로 나온 선장은 비에 젖은 채 선원들에게 큰 소리로 지시하며 사방으로 뛰어다녔다. 이리 저리 부딪치면서 배 안의 물건들은 박살이 나기 시작했다. 파도는 더욱 높아만 갔고, 배 안으로 바닷물이 넘쳐 들어오기 시작했으며, 거센 빗방울과 물살이 짐을 옮기는 선원들의 얼굴을 세차게 때려 눈을 뜰 수 없었다. 이렇게 가다가는 곧 배가 침몰할 것만 같았다.

"배가 가라앉을 것 같다. 배에 있는 모든 짐들을 꺼내서 배 밖으로 던져 버려!"

선장이 다급한 목소리로 외쳤다. 선장의 지시에 따라서 선원들은 화물칸으로 뛰어 내려가 짐들을 꺼내 배 밖으로 던지기 시작했다. 한편 선미에서는 일단의 선원들이 공포와 두려움에 울부짖으며 자신들이 믿는 신을 향해 두 손을 들고 신들의 이름을 외치는 기이한 광경이 연출되었다. 그런데 선원들과 함께 배 아래로 내려가서 짐을 꺼내던 선장이 믿기지 않는 장면을 목격했다. 그것은 바로 욥바에서 자신의 배를 얻어 탄 청년이 이런 일촉즉발의 상황 속에서도 태평스럽게 잠을 자고 있는 것이었다.

"일어나시오! 지금 우리가 다 죽게 생겼는데 당신은 어찌 이렇게 잠만 잘 수가 있소?"

선장은 흥분하여 상기된 목소리로 깊은 잠에 빠진 요나를 흔들어 깨웠다. 그러고는 말했다.

"듣자 하니 여호와 하나님을 믿는다고 했던 것 같은데, 일어나서 그 하나님께 기도라도 한번 해 보시오! 당신의 기도로 우리가 구원을 받을지 또 누가 알겠소!"

배 안의 모든 짐들을 바다에 버렸지만 여전히 배는 심하게 흔들렸고 물살은 거세기만 했다. 마침내 배 안으로 들어온 바닷물과 빗물을 퍼내느라 지친 선원들 중에 누군가가 이렇게 외쳤다.

"우리가 할 수 있는 일은 이제 모두 다 했지만 폭풍은 잠잠해질 기미가 보이지 않습니다. 이제 물고기밥이 될 바에야 이 재앙이 누구로부터 기인한 것인지 알아나 봅시다!"

그리고는 한 사람씩 누군가가 만들어 온 제비를 뽑기 시작했다. 잠시 후 그 제비 통은 요나에게도 왔다. 잠이 덜 깬 표정의 요나가 제비를 뽑았다.

"아니! 당신! 어떻게 당신이…."

선장과 선원들이 가장 짧은 제비를 손에 쥐고 있는 요나의 얼굴을 쳐다보며 놀라움과 두려움이 섞인 탄식을 내뱉었다.

"도대체 당신 뭐하는 사람이오? 어디서 왔고, 어느 민족 사람인지 당장 우리에게 숨김없이 밝히시오!"

선장이 재촉하듯 물었다.

"저는 히브리 사람으로서 바다와 육지를 지으신 하늘의 하나님 여호와를 경외하는 사람입니다."

요나는 자신이 뽑은 짤막한 제비를 물끄러미 쳐다보며 망연

자실한 표정으로 이야기했다.

"저는 여호와께서 니느웨로 가서 당신의 메시지를 전하라는 일을 피하기 위해 니느웨와는 정반대인 다시스로 가는 배를 탔습니다."

이렇게 말하는 요나의 목소리가 심하게 떨렸고, 얼굴에는 두려움과 후회함이 가득했다.

"아! 이를 어찌하면 좋겠나! 히브리인들의 신인 여호와께서 자신의 명령을 거역한 당신의 사자를 벌하시기 위해 우리까지 함께 죽이시려나 보군!"

선장의 이러한 탄식에 선원들이 다 같이 통곡하기 시작했다.

"우리가 당신을 어떻게 하면 이 죽음으로부터 벗어날 수 있겠는지 당신의 생각을 말해보시오!"

이제는 거의 미친 사람의 울부짖음으로 변한 선장의 목소리가 요나를 위협하듯 다그쳤다.

"정말 죄송합니다! 나 하나 때문에 당신들 모두가 죽을 수는 없지요. 어차피 여호와께서는 나에게만 벌주시기를 원하실 겁니다. 그러니 나를 바다에 던지시오! 그렇게 하면 여호와의 진노가 가라앉을 것이요!"

체념하듯 고개를 떨군 요나의 눈에서 뜨거운 눈물이 흘러내렸다.

"어찌 산 사람을 바다에 던질 수 있겠소!"

이렇게 말한 선장은 선원들에게 어찌 되었든 배를 육지에 닿도록 힘써 노를 저으라고 외쳤다. 그러나 그들의 이러한 노력을 비웃기라도 하듯 폭우와 함께 파도는 점점 더 무섭게 배를 삼킬 듯 달려들었다. 이윽고 밧줄로 동여매었던 돛대 하나가 옆으로 밀어닥친 집채만 한 파도에 '우지끈' 소리를 내며 옆으로 두 동강이 났다. 이윽고 중심을 읽은 배가 한쪽으로 기울기 시작했다.

"우리를 너무 원망하지 마시오!"

돛대 하나가 부러지면서 배가 침몰할 수도 있다는 위기감이 고조되자 선장은 요나에게 다가가 소리쳤다.

"원망하지 않습니다. 속히 시행하십시오!"

아까와는 달리 이제 요나의 얼굴에는 결연함과 함께 이러한 상황 속에서라면 결코 찾아보기 힘든 침착함과 평온함마저 깃들어 있었다.

'풍덩' 큰 소리를 내며 요나가 바다에 던져졌다. 요나를 바다에 던진 선원들은 죄책감과 두려움에 휩싸인 채 갑판에 엎드렸다. 그리고는 방금 전 자신들이 살기 위해 물속에 던진 히브리 청년의 신인 여호와를 향해서 울부짖으며 자비를 구했다. 그런데 잠시 후 세차게 불어오던 바람이 거짓말처럼 잠잠해졌다. 더

불어 금방이라도 삼킬 듯 달려들던 파도 또한 잦아들기 시작했다. 온통 어둠으로 뒤덮였던 하늘은 이내 파란 하늘을 드러내며 지난 밤사이에 아무 일도 없었다는 듯 고요해졌다.

3. 침공

"이봐! 카림! 그 소식 들었나?"

앗수르 국경수비대 장교이자 카림의 오랜 친구인 나씨르가 숨이 넘어갈 듯 장교 집무실로 뛰어 들어왔다.

"나씨르! 아침부터 왜 이리 호들갑인가? 애굽이 망하기라도 했는가?"

국경수비대의 장교 카림은 특유의 건초향이 깊이 우러나오는 전통차를 한 모금 마시며 친구의 다음 말을 기다렸다.

"애굽이 망한 소식보다야 더 기쁜 소식이지! 방금 무하마드 대장께 들은 이야기인데 조만간 출정이 있을 거라고 하더군."

자신이 가지고 온 소식 때문에 스스로 의기양양해진 나씨르가 들뜬 목소리로 말했다.

"그래? 그게 정말인가?"

친구의 소식을 듣고 카림의 눈빛이 반짝였다.

"하하! 자네가 그렇게 좋아할 거라 내가 짐작했네 그려!"

주전자에서 차를 따라서 타는 목을 적시며 나씨르가 말했다.

"그래! 작전 지역은 어디라고 하던가?"

나씨르에게 의자를 당겨 앉으면서 카림이 물었다.

"북이스라엘!"

의미심장한 미소를 지으며 나씨르가 말했다.

"흠! 드디어 황제께서 북이스라엘을 손아귀에 넣으시려고 작정을 하셨나 보군!"

아까와는 달리 사뭇 진지한 표정을 지으며 카림이 벽에 걸린 자신의 날선 검을 바라보며 말했다.

"그런데 기뻐할 만한 사실은 북이스라엘 침공 시 선봉에 서게 되는 1군단 보병 장교와 기병 장교 몇 명을 우리 국경수비대에서 차출한다는 소식이라네."

군침을 삼키며 상기된 표정의 나씨르가 이야기했다.

"오! 그게 정말인가? 드디어 아슈르 신께서 내게도 기회를 주시려나 보군."

이렇게 말하는 카림의 얼굴이 환하게 밝아왔다.

"나씨르! 이러고 있을 때가 아니지. 당장 무하마드 대장께 가서 이번 북이스라엘 원정에 지원하세나!"

장교들이 입는 붉은색 망토를 걸치며 카림이 말했다.

이즈음 앗수르의 사령부에서는 북이스라엘 침공을 위한 계획이 진행되고 있었다. 황제의 특별 지시로 경보병과 장창 부대, 궁수 부대로 이루어진 3개 보병 군단과 정예 기병 1개 대대, 물자를 지원하는 1개의 군수지원대가 침공 작전에 투입될 예정이었다. 도합 3만 명이다. 카림과 나씨르는 앗수르 국경수비대 장교로서 전공과는 거리가 먼 군인들이었다. 그들에게는 언제나 치열한 전투에 참전하여 무공을 쌓고, 출세 가도를 달리기 원하는 야심이 가득했다. 그러했기에 이들에게 이번 북이스라엘 침공과 그 선봉에 서게 되는 보병 1군단의 지원 장교가 될 수 있다는 사실은 그들의 인생에 두 번 다시 오지 않을 그야말로 신이 내려준 기회였다.

4. 니느웨

몰골이 말이 아니다. 온몸이 시궁창에서 나는 악취와 비린내로 가득했다. 살아있는 생명체의 미지근하면서도 끈끈한 위액의 느낌이 역겨웠다. 태어나서 그렇게 큰 물고기는 본 적이 없다. 사람을 한 입에 삼킬 수 있는 물고기가 존재한다는 사실을 믿을 수 있겠는가? 그리고 더욱더 놀라운 사실은 자신이 그 안에서 삼일 밤낮을 소화되지 않고 살아서 머물렀다는 점이다. 아무도 믿어 주지 않을 것이다. 어찌 되었든 요나는 어느 순간 물고기가 자신을 육지에 뱉어 내었고, 자신이 다시 대지의 신선한 공기를 들이마시며 숨 쉬고 있다는 사실에 감사할 따름이었다.

물고기인지 괴물인지 모를 그 생명체의 몸속에서 요나는 여호와의 부르심을 애써 거부했던 자신의 잘못을 깨달았다. 세상의 모든 일에 우연은 없으며 모든 일이 그분의 섭리 가운데 명확한 인과관계 안에서 이루어지는 것임을 히브리인 요나는 알았다. 그러한 그가 여호와의 부르심을 피할 수 있을 것이라고 생각하고 행한 행동 자체가 어리석음의 극치였다. 그리고 요나가 그것을 깨닫게 될 때까지 불과 하루 반나절이면 충분했다. 정신을 차린 요나는 작열하는 태양 빛을 받으며 정처 없이 걸었다. 혼미해지는 정신을 부여잡고 몇 시간을 걷고 또 걸었을 무렵, 저 멀리 무엇인가 희미한 형체가 보이기 시작했다. 신기루이겠거니 생각한 순간, 요나의 심장을 얼어붙게 만드는 심상이 그의 머릿속을 번개와 같이 스쳤다. 다가갈수록 또렷해지는 형체를 확인하게 되면서 이제 그 생각들은 극심한 공포와 혐오감으로 변하기 시작했다.

"아! 니느웨!"

요나의 입에서 두려움과 절망 섞인 외마디 탄식이 흘러나왔다. 그렇다! 요나의 눈앞에 펼쳐진 모습은 다름 아닌 여호와께서 자신에게 회개를 선포하라고 하신 이스라엘의 영원한 대적, 앗수르의 수도 니느웨 성읍이었다. 그리고 먼발치에 보이는 것은 니느웨로 들어가기 위해 통과해야 하는 일종의 검문소로서 그곳은 앗수르의 국경수비대가 지키고 있었다.

"이제 어찌해야 한단 말인가?"

깊은 절망감이 요나의 마음을 엄습했다. 그러나 마음 한편에서는 이제 자신이 무슨 일을 해야 하는지를 자각한 신적 소명 의식이 그 어느 때보다도 명료해졌다.

쉽게 떨어지지 않는 발걸음을 옮기며 비로소 니느웨 국경에 도착했다. 수많은 인파가 국경 검문소를 통하여 왕래하는 모습이 보였다. 낙타 잔등에 진기한 물건들을 잔뜩 실은 한무리의 대상들이 요나 옆을 지나쳐 갔다. 또 한편에서는 시끄럽게 울어대는 열댓 마리의 양들을 향해 큰소리치는 목자의 모습도 보였다. 시간이 정오를 향해 가는 뜨겁고 건조한 들판의 곳곳에서 아지랑이가 피어올랐다. 검문소의 군인들을 향해 줄을 서서 걸어가는 요나의 바로 앞에 엄마 품에 안겨 끊임없이 울어대는 젖먹이의 울음소리가 아득했다. 마침내 검문소 안으로

들어선 요나의 몰골을 국경수비대 군인이 미간을 찡그린 채 위
아래로 훑어보았다. 잠시 후 뒤에서 몇몇 군인들의 수군거림
과 웃음소리가 들리기 시작했다.

"어디에서 왔고, 무슨 일로 니느웨에 온 것이오?"

얼굴에 칼자국이 깊게 팬 다소 험상궂은 얼굴의 사내가 물었
다.

"나는 이스라엘에서 온 여호와를 섬기는 선지자요. 니느웨를
향해서 중요하게 전해야 할 여호와의 메시지를 전달하기 위해
서 왔소!"

다소 긴장한 듯 떨리는 목소리 속에 사뭇 진지함이 묻어나는
음성이었다. 뒤에서 여전히 킥킥대는 군인들의 웃음소리가 잦
아들었다.

"흠! 여호와의 메시지를 가지고 이스라엘에서 온 선지자라?
일단 상급자에게 보고를 하고 당신을 들여보낼지 결정하도록
하겠으니 잠시 이곳에 계시오!"

군인은 자신의 뒤에 서 있는 또 다른 사내에게 손짓을 하며
상황을 설명했고, 그의 지시를 들은 군인이 장교 집무실로 달려
가는 모습이 보였다. 요나는 잠시 쪼그리고 앉아서 끝없는 사람
들의 행렬을 응시했다. 얼마가 지났을까 상황을 전달하러 갔던
군인이 돌아왔다.

"카림께서 저 사람을 데리고 오라고 하십니다."

요나는 군인들의 안내를 받아 국경수비대 지역 관할 장교인 카림의 집무실 안으로 들어갔다. 집무실로 만들어진 야전 막사는 한낮임에도 불구하고 외부와는 달리 어두침침했다. 요나는 잠시 뒤 어둠 속에 적응된 눈으로 주위로 둘러보았다. 한쪽 벽면에는 예리하게 날이 선 검들과 단창들이 진열되어 있었고, 반대쪽 벽면에는 곰과 여우와 같은 야생 짐승들의 가죽이 생김 그대로 박제화되어 걸려있었다. 그 아래 작은 책상 앞에 수비대 장교 카림이 장교 특유의 황금색 술이 달린 흉배를 착용하고 양다리에는 푸른색 각반을 조금은 느슨하게 풀어헤친 채로 앉아 있었다. 광야의 햇살 아래 검게 그을린 중동인 특유의 구릿빛 피부와 뚜렷한 이목구비가 영락없는 호남형의 사내였다. 그러나 눈에는 뭔가 모를 매서움과 살기가 느껴지는 차가움이 가득했다.

"그래! 당신이 이스라엘에서 온 여호와의 선지자요?"

이렇게 묻는 카림의 입가에 살짝 조소가 맴돌았다.

"그렇소! 내가 바로 니느웨에 하나님의 메시지를 전하러 이스라엘에서 온 선지자 요나입니다!"

여전히 요나는 긴장감이 역력한 얼굴로 대답했다.

"그래! 무슨 메시지를 전하러 왔다는 말이요?"

카림은 크게 궁금하지는 않지만 지역 관할 수비대 책임자로서의 의무라는 식으로 시큰둥하게 물었다.

"여호와께서는 니느웨가 그동안 저질렀던 끔찍한 죄악들을 회개하지 않으면 40일이 지나서 니느웨성이 무너질 것이라고 말씀하셨소! 나는 그것을 전하러 온 것뿐이요!"

이렇게 말하는 요나의 표정에는 조금 전까지 있었던 긴장감은 온데간데없이 사라지고, 내면 깊숙이 올라오는 알 수 없는 담대함이 묻어났다. 더불어 그의 어조는 흔들림 없는 깊은 확신 속에서 자신의 말이 여호와로부터 오고 있다는 근원의 명확함으로 인해 장막 안에 조용한 반향을 불러일으켰다. 동시에 그 순간 거부할 수 없는 무형의 힘이 장막의 분위기를 감쌌다. 이 누더기를 입은 선지자를 보내주지 않으면 안 될 것만 같은 엄숙하고 엄중한 공기 속에 카림의 얼굴에는 처음의 것과는 달리 진지하다 못해 약간의 공포심이 피어올랐다. 그러나 카림은 단호한 표정을 지으며 말했다.

"우리 앗수르는 당신네 이스라엘을 얼마든지 공격해서 정복할 수 있는 강대국이오. 그만큼 충분한 힘을 가졌단 말이지. 그런데 어디서 온 지도 모르는 한낱 선지자의 말을 어떠한 이유로 믿을 수 있겠소! 니느웨가 40일 후에 무너질 것이라는 이야기에 대한 명확한 증거라도 있으시오? 가령 이스라엘이 앗수르를 공격할 군사적 비책 같은 것 말이오!"

혹시나 이스라엘의 군사적 정보라도 캐낼 수 있을 요량으로 던진 질문이었다. 의심스러운 눈초리로 요나의 대답을 기다리는 카림의 눈이 가늘어졌다.

"그런 것은 없소! 다만 여호와께서 니느웨의 회개를 요구하시고, 그렇지 않으면 그분께서 니느웨를 심판하실 것이라는 사실 밖에는….."

요나의 낮고 조용한 음성 속에 깊고 묵직한 진리의 실체가 담겨있음을 직감할 수 있었다.

"가시오! 당신이 말한 것이 사실이라면 무슨 일이 일어나도 일어나겠지! 아니면 말고!"

카림이 체념한 듯 손사래를 치며 말했다.

"핫산! 이 사람을 통과시켜 주도록 하게!"

밖에 서 있던 경비병의 이름을 부르는 카림의 목소리가 떨렸다.

"이스라엘 침공을 앞두고 이스라엘 선지자의 방문이라! 참으로 묘하군."

이렇게 혼잣말로 중얼거리는 카림의 음성에 이유를 알 수 없는 긴장감과 두려움이 섞여 나왔다. 그리고 이것은 전쟁터에서 잔뼈가 굵은 억척스러운 사내의 영혼 안에 분명 무엇인가 말로

표현하기 어려운 영적 정동(情動)이 일어나고 있음에 대한 표시
였다.

5. 외침 그리고 회개

"회개하십시오! 당신들이 지금껏 주변 이웃 나라들에 저질렀
던 그 잔혹하고 잔인한 죄악들을 회개하십시오! 그렇지 않으면
살아계시며 참되신 여호와께서 40일이 지나는 때에 당신들의
수도인 니느웨 성읍을 철저하게 징벌하시고 멸망시키실 것입니
다!"

니느웨 주민들이 거주하는 골목을 다니며 목이 터져라 외치
는 요나의 눈가에 뜨거운 눈물이 흘렀다. 그것은 멸망으로 치닫
는 니느웨 사람들에 대한 연민의 눈물도 아니었고, 그렇다고 물
고기밥이 될 뻔한 자신을 구하셔서 메신저로 사용해 주시는 여
호와에 대한 감사의 눈물은 더더욱 아니었다. 그것은 자신과 자
신의 민족이 그토록 증오하고 미워하는 원수 앗수르의 구원을
위해 외쳐야 하는 민족주의 선지자 요나의 심부를 도려내는 듯
한 고통 속에서 흘러나오는 분노의 눈물이었다.

"그토록 멸망을 바랐던 앗수르에 회개와 구원의 메시지를 선
포하다니! 그것도 정통 유대인인 내가!"

미칠 것 만 같았다. 요나는 끓어오르는 격분과 서러움을 애써 누르고, 하루 동안 니느웨 성읍을 돌며 여호와의 회개 메시지를 목소리 높여 외쳤다. 니느웨는 사흘 길을 걸어야만 다 돌아볼 수 있는 큰 성읍이었으나 요나에게는 하루면 족했다. 요나에게는 더 이상의 관대한 마음이 없었다.

이튿날 믿기지 않는 놀라운 일이 벌어졌다. 앗수르의 황제가 칙령을 내린 것이다. 니느웨의 모든 사람들, 남녀노소는 물론이거니와 그들의 가축까지 생명 있는 모든 것들은 금식하며 여호와께 앗수르의 죄악을 고하고 회개하라는 내용이었다. 니느웨의 모든 사람들이 굵은 베옷으로 갈아입고 재 위에 앉았다. 그동안 그들이 이웃 나라와의 전쟁에서 저질렀던 그 잔인하고 흉포한 죄악상을 남김없이 회개하는 전 국가적인 애도의 시간들이 시작되었다. 그리고 더욱더 놀라운 사실은 연이은 황제의 칙령이었다. 황제는 조만간 있을 북이스라엘 침공 계획을 전면 철회한다는 내용의 조서를 반포했다. 기적 같은 일이었다. 그 흉악하고 호전적인 앗수르 민족이 전쟁을 포기했다는 것은 믿기지 않는 사실이다. 더군다나 누더기를 걸치고 갑자기 나타난 미치광이 같은 선지자 한 사람의 말을 듣고 말이다.

아침 일찍 요나는 성읍을 빠져나가기 위해 다시 국경수비대의 검문소를 향해 힘없는 발걸음을 옮겼다. 세상의 모든 짐을 짊어진 듯이 넋을 잃은 표정으로 수비대 검문소를 지나치려는 순간 등 뒤에서 요나를 부르는 소리가 들렸다.

"이보시오! 선지자 양반!"

소리가 나는 쪽을 돌아보았을 때 황금색 술이 달린 장교용 흉배 대신 굵은 베옷을 입은 관할 수비대 장교 카림이 달려왔다.

"사실 나는 얼마 전 당신이 말한 메시지를 통해 나의 영혼이 무엇인가 거부할 수 없는 신적 엄위함과 진중함을 경험했소! 그런데 놀라운 사실은 당신이 성읍에서 그 메시지를 전파한 이후 우리의 황제를 포함한 모든 백성들이 당신이 믿는 여호와께 회개로서 반응하는 믿기지 않는 일이 발생했다는 말이오. 나는 지금도 내가 느낀 그 거역할 수 없는 메시지의 신적 엄중함을 우리나라의 모든 이들이 동일하게 느꼈다는 사실이 정말로 믿겨지지가 않소!"

흥분으로 상기된 카림의 얼굴에는 이제 막 멸망에서 구원을 얻은 자의 참된 신을 향한 일종의 경외감 같은 것이 서려 있었다.

"당신이 말한 멸망의 메시지를 우리 앗수르가 몸소 체험하는 비극은 없을 것이요. 고맙소!"

확신과 기쁨에 찬 표정의 카림이 손을 내밀며 말했다. 의미를 알 수 없는 희미한 웃음이 요나의 얼굴에 번졌다.

"그럼 나는 이만 가보겠습니다!"

카림이 내민 손을 애써 외면한 채 돌아서서 성읍을 빠져나가는 요나의 머리 위로 눈부신 광야의 햇살이 쏟아졌다. 그리고 그의 두 눈에서는 뜨거운 눈물이 흘러내리고 있었다.

약속대로 니느웨를 향한 여호와의 심판은 유보되었고, 앗수르는 북이스라엘 침공을 철회했다. 잠정적인 평화가 이스라엘에 찾아왔다. 심판이 예정되었던 니느웨에는 좌우를 분변하지 못하는 자가 십이만여 명이나 되었다. 그리고 믿을 수 없이 놀라운 이야기는 여호와께서 이들을 아끼며 사랑하셨다는 사실이다.

김지만
아세아연합신학대학원(M.Div.) 졸업 후
분당 할렐루야교회에서 전도사로 사역했다.
현재 제주도에서 행복한 목회를 꿈꾸는 목사다.

단편 소설
미수상작

절대 반지

김동기

목사 K가 안수를 받은 2013년은 그에게 있어 가장 위대한 해였
다. 목사가 되기 전에 전도사였던 그는 입시 학원 계에서 입지
를 다지고 있었다. 전도사란, 목사가 되기 이전의 위치가 아니
라 적어도 목사 K에게는 목사가 되느냐, 목사를 그만두느냐의
시즌이었다.

　그 시절 그는 수십억의 계약금을 주겠다고 나선 대형 학원도
있었다. 유혹이 아닐 수 없었다. 그런데도 무능해서인지 그는
목사가 되었다. 자기의 결정이 아니었다. 그렇다고 아내의 결
정도 아니었다. 누구의 결정인지도 모르는데 그렇게 되어 버렸
다. 속이 쓰렸다. 누구도 알아주지 않는 일명 '삼류 대'출신이지
만 나름 열심히 강의 준비를 했고, 당시 최고 강사들의 쓰레기
통까지 뒤져 가면서 강의 비법을 만들었다. 그래서 이룬 결과는
대성공이었다. 한 달 강의하면 어머니가 그렇게 노래 부르던 기

천만 원의 돈도 곧 벌 수 있었다. 돈이 풍년이었다. 그가 학교를 근근하면서 교사 아닌 교사 타이틀을 따낸 것도 여러 가지 명분들이 있었지만, 사실 돈이었다.

목사 K가 지방에서 고등학교를 졸업하고서 당시 없는 살림에, 대학을 못 갈 바에 다들 들어가고 싶어 하던 은행에 취업을 했다. 은행에 취업이 되었음에도 그곳으로부터 도망한 것은 단순히 은행이 싫어서가 아니었다. 첫 출근하는 날, 은행으로 가지 않고 서울로 상경했으니 그야말로 도망이었다. 그 지역 자체가 싫어서였다. 목사 K의 '출애굽'이었다. 더구나 그의 아버지도 그가 그곳을 떠나는 데 한몫했다. 아들이 고등학교 때 전교 2등 했다는 것이 아버지의 자랑이고 훈장이었다. 그러나 그것도 딱 한 번이었다. 다행히 10등 밖으로 밀려나간 적은 없으나 그래 봤자 지방 고등학교이다. 지방에서 명문, 명문 해 봤자 서울과는 비교도 안 되는 상황인데 아버지는 전교 2등이 전국 2등으로 착각하고 계신 것만 같았다. 아버지의 그런 허영과 허풍 때문에 목사 K는 늘 씁쓸하고 부담스러웠다. 알고 보니 자신에게도 그런 모습이 있다는 것을 목사 K도 살아가면서 새삼 깨닫게 되었다. 교사 자격증, 더 정확하게 말하자면 '선생님' 타이틀을 따내기 위해서, 목사 K는 먼 친족의 도움으로 들어간 입시 학원 원장의 집을 수리하는데 6개월이나 무보수로 일을 해 줘야 했다. 속으로는 역겹고 욕이 나왔지만 어쩔 수 없었다.

"K 선생, 아직 젊은데 언제까지 학원에 전전할 거야? 학교로 들어가야지? 응?"

"제가 아직 교사 자격증도 없고 대학도 다니다 말고 그저 학원에서 더 열심히 잘해야죠?"

"그거야 공부를 더 하면 되고, 이번에 내가 아는 분이 H대 부속 여고 이사장님이 되셨는데, 내 K 선생을 추천해 보려고 해. 우리 K 선생은 열정도 있고, 젊은 사람이다 보니까 예의도 바르고…. 내 한번 추천할 테니 어떻게, 준비해 볼래요?"

"저야 그러면 좋지만, 뭘 준비해야 할지…"

"응, 우선 들어가. 사립 학교니까 특강 강사로 갔다가 자격만 준비하면 정교사 되는 건 뭐, 이사장님이 알아서 할 거야. 좋아! 내가 사람을 잘 안 믿지만 우리 K 선생은 시골 계시는 부모님께 가정 교육을 잘 받았는지 정말 마음에 들어. 거 아버님이 경주 K 씨 22대손?"

"네. 맞습니다. 제가 23대손입니다. 신경 써 주셔서 감사합니다."

"뭐 내가 보니 우리 조카 벌이네. 나도 경주 K씨야. 내가 아버지하고 항렬이 같네. 허허"

당시 목사 K는 그 '시골'이라는 말에 움찔했지만, 그래도 잘

봐준다는 말을 듣고 어린 나이에 세상 물정 모르고 그저 감사하다고만 생각했다. 얼마 후 원장 K가 정원이 있는 집으로 이사를 했는데 이삿짐을 날라야 한다고 팀장한테 연락이 왔다. 쉬는 날이지만 목사 K는 가야 했다. 그리고 집이 옛날 집이라 리모델링하는데도 사람이 필요하다고 했다. 원장은 선생들 앞에서 목사 K가 일을 너무 잘한다고 은근히 칭찬을 늘어놓았다. 그 칭찬은 다시 목사 K를 원장 K와 한식구로 묶어서는 그 집 리모델링하는 막일에 동원되었다. 그 일이 시작되는 주, 토요일에 H대 부속여고 이사장을 만났다.

"잘해 봅시다."

이사장은 그 한마디를 하고는 가 버렸다. 그 만남도 K 원장집, 거실에서 막일할 때 쓰는 목장갑을 끼고 엉거주춤 앉아서 말이다. 정식 면접도 아니고 사람 한번 힐끔 보고 간 게 전부이다. 이사장도 K 원장이 새로 집 사서 수리 중인데 자신도 그 근처에 집 한번 보러 와서는 그렇게 면접 아닌 면접을 요식 행위로 한 것이다. 목사 K는 학교에서만 수업을 할 줄 알았다. 그러나 낮에는 학교, 저녁에는 학원에서 강의를 해야만 했다. 게다가 수업 일수는 많아졌지만 학원에서 받는 월급도 적어졌다. 원장은 자신이 소개해 준 학교의 월급을 자신이 주는 것처럼 여기는 것 같았다. 그리고 간혹 다른 강사들에게 목사 K를 자랑하면서도 그것이 다 자신의 덕이라고 허풍을 떨기도 했다. 그런 관계를 2년 만에 끝냈다. 학교생활도 시원치 않았고 학원도 점점 마음의 짐이 커 가면서 강의에 의욕을 잃었다. 이사장은 학교를 그만두는 이유가 '역량 부족'이라고 폄하했고, K 원장은 '내 그렇게 안 봤는데, 역시 머리 꺼먼 짐승은 거두는 게 아니야.'라면서 목사 K를 짐승 취급했다.

이후 목사 K는 그런대로 타이틀이 생겼다. 'H고 교사 출신'. 정확히 말하면 '강사 출신'이기는 하나, 학교에서는 교사라고 직함을 주었기 때문이다. 늘 목사 K는 자신을 H고 교사 출신이라고 스스로 소개했다. 그의 아버지의 허영과 허풍, 과시욕을 꼭 빼닮았다. 그런 목사 K의 배경이 강남에 있는 입시 학원에 들어 갈 수 있는 배경이 되었다. 그리고 목사 K가 스스로 말한 것처럼 '때'를 잘 만나기도 했다. 당시, 강남은 '논술 광풍'이 불었다. 대학 입시 제도에 논술이 포함되면서부터이다. 논술은 유치원부터 고등학교, 아니 성인에 이르기까지 대단한 인기를 얻었다. 논술 강사가 모자랐다. 훗날 목사 K가 들어간 J 학원은 학생이 등록하려면 3개월을 기다려야 했다. 이때 목사 K는 실력 보다도 말을 잘하는 턱에 승승장구했다. 그의 말솜씨는 남달랐다. 아마도 아버지의 허영과 허풍이 여기서 빛(?)을 발하고 있는 모양이다. 학부모 상담 5분이면 학원을 등록하게 만들었다. 목사 K가 학원을 옮겨갈 때마다 학원 원장들은 K 선생을 닮으라고 해서 상담 선생님들의 눈총을 사야 했다. 그런 그가 목사가 되기 5년 전, 언어 논술로 유명한 J 학원에 S 시의 배움터 원장이 되면서부터 날개를 달았다. 일명 '바지 사장'아니 '바지 원장'이었다. J 학원의 유명세 때문인지 몰라도 학생들은 몰려들었고, 대학 합격생들도 당시 J 학원 S 시 배움터가 전국에서 최고였다. 목사 K는 자신에게도 이런 능력이 있었나 싶을 정도였다. 그리고 그 이듬해 바로 J 학원 최고 경영진이었던 J 총원장 겸 이사장이 그를 본원 언어 팀장으로 내정했다. 그것만으로도 이미 목사 K는 대단한 성공이었다. 언어 팀장은 그 자체로도 한 달에 기천만 원을 가져올 수 있을 만큼의 많은 학생들을 담당하게 된다. 그리고 J 학원에서 '최고의 강사'라는 예우까지 받는다. 물론, 기존 본원의 터주 대감 강사들 텃세도 있었다. 그러나 실력으로 판가름 나는 경쟁의 시절이기에 그들은 소극적인 저항이 있었으나 넉넉히 이겨 낼 수 있었다. 학습 능력에서는 그들이 더 뛰어날지 모르지만, 학생들을 데리고 오는데 목사 K를 이길 사람이 없었다. 또한 뒤에서 J 총원장이 적극적으로 후원하고 있으니 말이다.

목사 K는 J 총원장의 별장에도 초대가 되었다. J 학원 개국공신들만 참석하는 VIP 모임이었다. 경기도 모처의 그곳은 물소리가 유난히 고요하고 아름다웠다. 경치 또한 절경이었다. 목사 K가 강의를 끝내고 나서 도착하니 이미 밤이 되었다. 다들 바비큐에다가 몇 잔씩 걸쳤는지 벌써 얼굴이 붉게 농익었다.

"아, K 선생님, 죄송합니다. 저희 먼저 했습니다. 저희야 뭐, 뒷방 늙은이들이라, 강의도 없고 먼저 와서 풍월을 읊습니다. 허허"

"K 선생님은 우리 회사(학원)의 보물입니다. 어디 다른 곳에서 스카우트 제의 와도 안 가기입니다!"

"아, 그러면 배신이죠, 배신!"

J 총원장은 조용한데 비해, 옆에 이사들과 각 센터의 배움터 원장들이 몇 마디씩 거들었다.

"제가 뭐 한 게 있어야죠. 다 원장님들이 잘 도와주시니."

"아이코 이런 겸양까지, 한 잔 하시죠?"

"저는 술을 못합니다. 죄송합니다. 음료수로 대신하겠습니다."

"아니, 술맛도 모르시는 분이 어찌 그리 풍월을 잘 읊으실까요?"

"네? 풍월이요?"

"다 들었습니다. 선생님 고전 문학 강의할 때 만취한 것처럼 시가들을 잘 읊조리고 창까지 한다는 것을 허허허."

"그건, 애들이 과장한 것인데."

"그게 프로 정신이죠!"

J 총원장이 프로 정신을 들먹이자 다들 고개를 끄덕인다. 밤은 그렇게 깊어가고 목사 K는 명강사 K로서 아름다운 날들을 보내고 있었다. 밤에 별 빛이 유난히 아름다웠다. 그날 밤, 목사 K는 잠이 안 와서 별장 거실 소파에 앉아 있었다. 다들 자는 줄 알았는데 2층에서 조용한 걸음으로 내려오는 사람이 있었다.

"안 자요?"

"네, 원장님, 피곤한데 잠이 안 오네요."

"커피 한 잔 할래요?"

"네. 그럼 제가…. 커피가 어디 있는지 말씀해 주시면 제가 하겠습니다."

"아닙니다. 오늘 선생님이 귀한 손님인데 제가 해야죠. 앉아 계세요."

"아, 제가 해도 되는데…. 그럼 훼방꾼 되지 않게 앉아 있겠습니다."

원장은 그 말에 엷은 미소를 보내고는 주방으로 가서 커피를 내왔다. 커피를 내오는 사이에 별장 이곳저곳을 살펴보니 벽이고 바닥이고 아무 치장도 없었다. 원장의 성격인 것 같았다. 심플했다. 그런데 벽난로 위에 두꺼운 책이 눈에 들어왔다. 아주

오래된 책이고 목사 K에게도 익숙한 책이다. 검은 양장에 붉은 테두리의 책이다. '성경책'

그 책에 눈이 가 있는 것을 원장은 보았다.

"선생님 교회 다니시죠?"

"네."

"듣기로는 전도사님이라고 하시던데?"

"맞습니다."

"전도사님 하시면서 강의도 하시느라 일요일 오전 10시 타임을 다른 선생님한테 내주셨다고요?"

"네. 그 시간이 예배 시간이어서…. 학원에 누를 끼쳐 죄송합니다."

"아, 아닙니다. 그 시간이 M 선생님에게도 좋은 기회고, 실력이 있으니까요. 그런데, 애들이 선생님 타임으로 다 몰려가서 M 선생님이 기가 빠진 모양이던데요. 허허"

"그러니까요. 아이들과 M 선생님에게 피해를 끼치는 건 아닌지 모르겠습니다."

"아닙니다. 우리 K 선생님을 본원으로 모시고 나서 매출이 34%나 상승했는데, 시간이 좀 다르면 어떻습니까? 아마도 우리 선생님이 기도를 많이 하시나 보죠? 허허"

"아, 많이는…. 참 송구하네요. 전도사도 제대로 못하고 아이들도 제대로 못 가르치고…."

원장은 물끄러미 안경 너머로 목사 K를 쳐다보았다.

"선생님."

"네."

"저희 어머니가 아주 독실한 기독교인입니다. 그리고 이 집도 저희 본가를 헐어서 지은 별장이죠. 저 성경책도 어머니 것입니다. 저는 저희 어머니를 존경합니다. 그러니 저도 언젠가는 교회에 나가겠죠? 선생님이 기도해 주세요. 아, 저는 기독교에는 많은 장점이 있지만 그중에서 두 가지를 꼽는 게 있습니다. 아마도 어머님 영향일 텐데요. 하나는 '세계관이 우주적'이라는 것이고요, 또 하나는 우리 같은 속물적이고 이기적인 가치관이 아닌 '희생적이고 이타적인 가치관'이라고 생각하는데, 선생님 생각은 어떠세요?"

"원장님도 기독교를 긍정적으로 바라보고 계시는군요?"

"그럼요. 저희 어머니의 강요만 아니면 참 좋겠는데. 아마 제가 종교를 가진다면 기독교일 거예요. 물론 불교도 끌리기는 합니다. 원효 스님의 일체유심조가 썩 마음에 들거든요. 아이고, 우리 전도사님 앞에서 타 종교 얘기해도 되는지 모르겠습니다. 허허"

"괜찮습니다. 저도 한때는 불교에 심취한 적이 있습니다."

"아, 우리 K 선생님은 마인드가 열려 있어 좋네요. 그럼, 우리 좀 생산적이고 발전적인 얘기 한번 합시다."

"네?"

목사 K는 J 원장의 빛나는 눈과 마주쳤다. 지금까지의 말은 앞으로 해야 할 말을 위한 몸 풀기가 아니었나 생각할 정도로 그의 눈빛은 진지했다. 목사 K는 J 원장이 일어나서 펜과 메모지를 가지러 가는 동안에도 어떤 이야기인지 갈피를 잡을 수 없었다. 긴장하면 늘 하는 버릇처럼 두 손을 만지작거렸다. 오른손이 왼손을 왼손이 오른손을 둥글게 쓰다듬고 있었다. 그리고 오른쪽 발도 유난히 떨었다. J 원장은 늘 사람을 볼 때 미소 짓던 그 모습으로 살포시 웃고는 목사 K를 바라보면서 다가왔다. 하지만 목사 K는 그것이 미소로 보이지만은 않았다. 그 안에 어떤 저의가 있을지 모르기 때문이다. 물론, 그런 불안 속에 기대도 서려있다. J 학원의 총원장이자 이사장이 어떤 사람인가? 전국에서 제일 큰 대형 학원, 아니 주식회사인 이곳의 대표가 지금 삼류대학 출신에 삼류 인생이었던 목사 K에게 무엇인가를 제안하고 있다. 그것만으로도 목사 K는 과분하지 않은가? 걱정 반 기대 반으로 목사 K는 슬그머니 자세를 고쳐 앉았다.

"편하게 앉아요. 선생님."

"아닙니다. 전 이게 더 편해서."

"네네, 그럼 편한 대로 하세요."

J 원장은 볼펜을 들고 메모지 제일 위에다가 이런 글을 썼다.

'위대한 사업'

목사 K는 고개를 갸우뚱했다.

"선생님, 위대한 사업이 무엇일까요?"

"위대한 사업이요? 음…. 저는 머리가 둔하여 잘 모르겠습니다. 원장님이 구상하는 사업이 어떤 것인지….''

"아, 제가 너무 거창했군요. 위대한 사업이라 하면, 저는 딱 두 종류라고 생각합니다. 하나는 지금 우리가 하고 있는 교육 사업, 그리고 하나는 사람들에게 마음의 평안을 주는 종교 사업. 이것만큼 위대한 사업이 어디 있겠습니까?"

"네, 원장님. 교육 사업은 이해가 갑니다. 그런데 종교 사업이라는 게 무슨 의미인지 모르겠습니다. 종교를 사업으로 생각하신다는 것인지요?"

"아, 그렇게 서둘러서 나갈 필요는 없습니다. 제 말은 우리 K 선생님이 앞으로 우리 학원에 쭉 계시는 걸 원한다는 뜻입니다. 단도직입적으로 말씀드립니다. 5년간 함께 갑시다. 30억! 어떻습니까?"

"네?!"

"놀라시긴요? 우리 선생님은 그만한 인재이고, 가치가 있으십니다. 제가 스타 강사로 만들어 드리겠습니다. 장담합니다. 그리고 죄송합니다. 제가 사람을 돈으로 보는 것은 아니지만, 선생님이 그만한 가치가 있다는 걸 제가 보여드릴 수 있는 것은 참 어처구니없고 불행하게도 '돈'이네요."

"아, 저를 높게 봐 주시는 것은 이해가 됩니다만."

"당연히 놀라시겠죠? 돈이 한두 푼도 아닌데 저도 학원 밥을 30년 먹다 보니 보이는 게 있어서 지금 선생님께는 다 말씀드릴 수 없습니다만, 확실히 선생님은 뭔가 있습니다. 그 미묘한 끌림이 뭐랄까? 현재, 우리 학원에 유능한 선생님, 그리고 좋은 선생님들이 많이 계십니다. 그런데 그 선생님들에게서 느끼지 못하는 무엇인가가 있어요. 그걸 저도 말로 설명할 수 있으면 좋은데…. 좀 지나면 말로 설명할 수 있는 그런 지혜가 생기겠죠? 또 선생님과 함께 생활하다보면 말로 할 수 있는 날이 오겠지요?"

목사 K는 스스로 자신이 흥분하고 있다는 것을 눈치 채고 있었다. 오른쪽 다리를 떨고 있고 손은 계속 파리처럼 비비고 있었다. 그 스스로 알면서도 중단할 수 없는 버릇이다. 자신이 긴장하거나 흥분되는 일이 있으면 나오는 습관이나 버릇이라는 것을. 그리고 그것을 진정시키려고 커피 한 잔을 마신 후 대답을 기다리는 원장에게 눈짓으로 곧 얘기하겠다는 의미심장한 신호를 보냈다.

"저기, 제가 원장님께 실망을 안겨 드릴 수도 있습니다. 아시다시피 제가 열심히는 하지만 우리 학원 선생님들보다 모든 면에서 뒤쳐져 있습니다. 경력도 그렇고, 학벌도 그렇고, 실력도 그런 것 같습니다. 보통 학원 선생님들은 자신감에 넘치지만 저는 사실, 운이 좋아서? 아, 제가 교회에 다니는데도 운이라고 표현한 것은 원장님이 듣기에 편하시라고, 기독교에서는 이걸 섭리라고 합니다만, 하여튼 저는 정말 복이 많은 사람입니다. 그래서 원장님 같은 좋은 사람을 만나서 여기까지 오게 된 것입니다."

원장은 눈을 지그시 감고 고개를 끄덕이면서 설교를 듣고 있는 것처럼 편안한 얼굴로 목사 K의 말을 듣고 있었다. 그리고 다시 눈을 뜨자 피곤했는지 눈에 쌍꺼풀이 짙게 드러났다.

"참, 우리 선생님의 말씀을 듣고 있으면, 내가 마음이 참 편안해져요. 물론 목소리도 백만 불짜리고⋯. 하하. 맞아요. 선생님이 말씀하신 게 사실일 수도 있습니다. 그런데 그것을 알고 준비하는 사람하고 그렇지 않은 사람하고는 차이가 있죠. 그래서 선생님은 그 순수함 때문에 발전 가능성이 무궁하다는 것입니다. 저도 저희 학원 선생님들 존경하고 존중합니다. 그렇지만 그 선생님들은 거기까지예요. 저는 그 사람이 말하는 것을 보면 알아요. 이미 한계가 다한 사람은 자신을 과장하거나 허풍을 떨어야 해요. 그렇게 자신을 드러내지 않으면 힘들기 때문이죠. 대부분의 우리 선생님들, 특히 본원의 선생님들은 닳고 닳아서인지 제 눈에는 그렇게 보여요. 학생들도 허풍이 쎈 선생님보다는 진실한 선생님을 좋아합니다. 그런 면에서 선생님은 진실해요. 그리고 발전 가능성이 참 크죠. 그리고 제가 위대한 사업을 하자는 것도 바로 그런 연장 선상에서 말씀을 드리는 것입니다."

목사 K는 자신이 얼마나 허영에 찬 사람인지 잘 알고 있기 때문에 원장의 '진실한 사람'이라는 말에 스스로가 이중적 위선자라는 생각이 들었다. 목사 K는 정말 자신이 진실한 사람이라면 지금 앞에 있는 J 원장은 자신이 어떤 존재인지 알아야 한다고 생각했다. 진실하지 못한 자신의 모습이 저 사람에게는 진실하게 보인 것에 대해 자책감이 서서히 밀려왔다. 무슨 의미인지 모르지만 위대한 사업을 하기에는 자신이 한없이 부족하다는 것을 다시 말하고 싶었다. 하지만 그저 그런 속물 같은 진실한 사람이 되고 싶어서인지 목사 K는 거두절미하고 위대한 사업에 대해 질문을 했다.

"원장님, 위대한 사업이 무슨 의미인지 모르겠습니다. 그리고 위대한 사업을 하려면 저 같이 부족한 사람은 아직⋯."

"아, 선생님 제가 또 천천히 하자고 하면서 서둘렀네요. 내일 일정도 있는데 오늘은 쉬고, 다음 주 주말에 제 방으로 한번 오시면 좋을 것 같습니다. 토요일 강의 끝나면 저녁 9시 30분이죠? 잠깐이면 되니, 제 방에서 뵙지요. 그리고 선생님도 쉬셔야죠?"

"아, 네. 제가 염치없이 계속 주저리 늘어놨습니다. 원장님. 쉬십시오."

원장이 방으로 들어간 후 목사 K는 한쪽으로는 자신이 인정받은 것에 대한 유쾌한 마음이 들었지만, 또 다른 한쪽에서는 여전히 걱정과 두려움이 앞섰다. 앞으로 할 일이 많아질 것 같았다. 그런데 30억? 위대한 사업? 궁금함을 넘어 이제 해결해야할 숙제가 생겼다.

낮에 아내에게서 연락이 왔다.

"여보, 통장에 좀 돈이 많이 들어왔는데, 혹시 내가 모르는데서 강의하는 데 있어요?"

"무슨? 개인 과외비도 당신한테 다 주잖아? 얼마나 들어왔는데?"

"여보…. 당신은 앞으로 목사님이 되고 목회를 해야 하는데…."

"아니, 얼마나 들어왔기에 또 잔소리야? 얼만데…? 나 이번 달 강의 시수 하고, 이것저것 다 포함해도 돈 천 조금 넘을 텐데. 그것보다 더 많아?"

목사 K의 아내와 장모는 그간 지속적으로 목사 K를 괴롭혔다. '제발 강의 그만두고 목회에 전념하라'고. 그러나 목사 K의 생각은 달랐다. '목사가 되어서만이 목회가 아니다. 하나님의 일을 하는 게 아니다. 내가 이렇게 말한다고 세상으로 갔다느니, 속물적이라느니, 세상적이라느니, 교회 선후배들처럼 평가 절하하지 말라.'고 누누이 말했었다.

"삼천오백만 원 들어 와 있어요."

"뭐? 삼천오백?? 뭐지…? 들어온 데가 어디야?"

"늘 들어오는 곳이죠? 주식회사 J 교육 학원 사업부."

"거기서 한꺼번에 들어온 거라고?"

"그렇다니까요!"

"알았어."

목사 K는 이 일이 J 원장이 그렇게 한 일인지, 아니면 학원에 경리과에 물어야 할 일인지 몰랐다. 분위기상 오늘 저녁에 물어보기도 그랬었다. 여하튼 돈이 많이 들어와도 문제이긴 하다. 그리고 다시금 30억을 생각해 보니 설레는 마음과 두려운 마음이 계속 머릿속에 맴돌고 있었다.

다음날이 되어서 목사 K는 자신이 술을 먹지 않아도 술을 먹은 것처럼 머리가 띵하고 아파왔다. 두통이 너무 심하여 오후에 강의를 보조 강사에게 맡기고는 집에서 쉬게 되었다. 잠이 막 깬 것은 초인종 소리 때문이었다. 주일(일요일)이라 아이들과 아내도 집 앞 104동에 있는 처가에 있고, 저녁에 올 사람이 없다고 생각했는데 무심결에 나가서 문을 열어 줬다.

"자네, 오늘 학원 안 나갔나?"

장모님이셨다. 목사 K는 얼떨 결에 대답을 하려고 하기보다는 아내가 어디에 있는지 더 궁금해졌다.

"지혜는 어디 갔어요?"

"아, 애들하고 오늘 오후에 놀이 공원 간다고 갔네. 난 자네 없는 줄 알고 청소 좀 해 놓으려고 했는데…. 잠을 깨워 미안하네. 어디 아픈가?"

"청소는 제가 할게요. 오늘 좀 일이 있어서 오후 강의 뺐습니다. 그리고 장모님, 지혜가 이제 하도록 해야죠. 그동안 매번 장모님이 오셔서 청소하셨죠? 너무 많이 애프터서비스 하시는 거 아녜요?"

"자네는 애들 셋 키우는 게 쉬운 일이 아니라는 걸 아나? 직장 나가서 집안 사정에 모르는 건 이해하지만, 지혜가 속이 깊어서 얘기를 안 해서 그렇지…. 참! 자네 시간되면 여기 좀 앉아

보게."

순간 목사 K는 '아뿔싸 이거 큰일이다'라는 생각이 들었다. 잘못 걸렸구나. 아내도 없는 이 공간에서 장모님과 단 둘이서 어둠의 시간이거나 채근의 시간이다.

"지혜 말로는 자네가 이제 좀 강의를 그만하고 공부를 해야 한다고 하던데, 자네는 점점 더 그쪽으로 빠지는 모양이야. 월급이 세 배나 들어왔다며?"

"… 확인을 해 봐야 알겠지만, 제가 일한 것이거나 성과급일 수 있습니다. 책 팔린 거하고, 요즘 시작한 인터넷 강의가 있는데…. 그거 정산일 수도 있고요. 걱정 마세요. 장모님, 제가 다 알아서 할 겁니다."

"그렇게 잘 알아서 한다면서 지금 몇 년을 허송세월을 보내는 건가? 벌써 5년도 넘었어. 지혜가 밤마다 교회에서 눈물로 기도하는 거 아나?"

"지혜가요? 별로 기도 안 하는 거 같던데…. 거 사람 참…. 장모님. 저도 계획이 다 있습니다. 이번 한 번만 믿어 주세요. 그리고 저녁에 장인어른과 장모님께 상의드릴 일이 있는데 찾아 뵙겠습니다."

이렇게 마무리하지 않으면 계속 고통의 시간이 지연될 것이 뻔했다. 목사 K는 기지를 발휘했다. 오늘 저녁에 어젯밤 J 원장이 제의했던 30억에 대해서도 의논해야 되니 말이다. 장모는 아무 말 없이 으레 그 묵묵함으로 청소를 하기 위해 화장실로 들어갔다. 목사 K는 이러지도 저러지도 못하고 옷을 주섬주섬 입고서 집을 나갔다. 집을 나섰지만 어디로 가야할지 몰랐다. 아파트 정문으로 내려가고 있는데 마침 그의 아내와 아이들이 올라오고 있었다.

"아빠, 어디가?"

막내가 달려오면서 안겼다.

"우리 아기 어디 갔다 왔어?"

"응, 놀이터 공원."

그랬더니 둘째가 한마디 했다.

"야, 바보야. 놀이터 공원이 아니라 놀이 공원이야."

"그래. 잘 놀았어?"

저 뒤에서 큰 아이가 입술이 한발은 나왔다.

"훈이는 왜 그래?"

"아 글쎄, 다 큰 녀석이 장난감 총을 사 달라고 때를 쓰고는."

"장난감 총이 아니라 비비탄 50연발 총이야. 내 친구들은 다 가지고 있는데. 나만 없어."

"그거 얼마나 한다고. 사주지."

"그 총 위험해요. 그리고 자꾸 애들 과소비하면 안 돼요. 당신이 언제까지 돈 벌지도 모르고, 애들도 어려서부터 절약하는 버릇을 가져야 해요."

"뭐라는 거야! 그건 우리 일이고 애들은 애들 나름대로의 삶이 있는 건데, 그 정도는 우리가 해 줄 수 있는 거잖아! 그것까지 뺏으면 그게 폭력이지. 사랑이야?"

"훈이 따라와! 아빠가 사 주마!"

그랬더니 목사 K의 둘째가.

"아빠 그럼 나는 인형."

막내도….

"나도 나도."

"여보!"

갑자기 어수선해지고 난장판이 되었다. 목사 K는 혼란스러웠지만 아이들을 데리고 아파트 앞에 문구점으로 내려갔다. 뒤돌아서 힐끔 그의 아내를 보니 큰 한숨으로 관리소 앞 벤치에 앉아 있는 것이 보였다.

아이들과 올라와 보니 그의 아내는 없었다. 핸드폰으로 전화가 와 있었다. 장인이었다.

'자네 우리 집으로 오게. 상의할 일이 있다고? 지혜도 여기 와 있네.'

목사 K가 처가에 도착하자 장인, 장모 외에 동서 가족들, 처남, 처제까지 와 있었다. 대거 이 심각한 회의에 모두들 참여하게 되었다.

"그래 어서 오게. 상의할 게 있다고? 마침 오늘 저녁도 함께들 겸 큰 애네도 불렀네."

"아, 네…."

식사를 마친 후 아이들은 처가와 같은 아파트 옆 동에 사는 사촌네 집으로 갔다. 어른들만 남은 격이 되었다. 목사 K가 말을 꺼냈다.

"저기, 어제 원장이 저한테 5년에 30억을 제의했습니다. 저 혼자 결정할 일이 아니라고 생각하여 가족들의 조언을 듣고 싶어서 장모님께 말씀 드렸는데, 많이들 오셨네요."

"형부, 이건 엄마, 아빠 두 분만 얘기할 게 아니라 저희도 같이 의견을 내면 낫지 않을까 하고요? 사실 둘째 언니가 같이 보면 좋을 것 같다고 해서요."

목사 K의 처가에서 처세에 가장 밝은 막내 처제가 한마디 했다.

"좋네. 학원에서도 인정받고, 그럼 연봉이 6억이네?"

머리 빠른 목사 K의 윗동서인 형님이 한마디 했다.

"돈도 돈이지만, 그렇게 되면 자네 목회는 언제 하나?"

목사 K의 장모는 벌써 경계심이 가득한 얼굴로 한마디 한다.

"그건, 5년 뒤에 해도 되잖아, 엄마! 매형이 인정받고 있는데 그리고 학원에서도 필요한 인물이 아닌가? 본격적인 목회는 5년 뒤에 하고, 지금 애들 잘 가르치는 것도 하나님이 좋아하실 것 같은데? 나는!"

목사 K의 처남은 젊은 청년답게 논리적으로 한마디 거들었다.

"이 부분에서 훈이 아빠가 잘 결정하셨으면 좋겠어요. 물론 돈도 중요하고 인정받는 것도 중요한데, 훈이 아빠가 목사님이 되셔서 주님의 일을 하는 것도 그것 못지않게 중요하다고 생각해요. 학원은 훈이 아빠도 잘 하지만 또 다른 사람이 할 수 있을 것 같아요. 저도 지혜를 생각하면 더 인정받고 많은 돈을 받는 곳에 계속 있으라고 하고 싶어요. 하지만 하나님의 종이 되겠다고 서원도 하고 공부도 했는데 그걸 포기하면 하나님 보시기에도 그렇고, 또 학원 생활이 계속 좋을 수만은 없기에 어려움이 생기면 그때는 또 선택에 대한 후회가 오지 않을까요? 바른 길이라면 그 길에 대한 명분이 있지만, 타협하여 가는 길은 언제든지 또 타협할 수 있으니까요."

목사 K의 처형이 한마디 보탰다. 설왕설래의 토론은 30억을 받고 5년 후의 목회냐? 아니다! 지금도 저 정도 포기 못하면 5년 뒤에는 더 발을 뺄 수 없다! 그러니까 지금 과감히 포기하고 목회의 길로 가야한다 등의 논의가 계속 되었다. 장인이 한마디 했다.

"모든 결정은 자네가 하는 거야."

목사 K는 잠시 눈을 감았다. 그리고 자신이 손을 비비고 있는 것을 느꼈다. 다리도 떨고 있었다. 그리고 눈을 떴다. 목사 K는 자신을 바라보는 가족들을 둘러보다가 아내 왼손 네 번째 손가락에 끼여 있는 반지가 보였다. 유난히 그 반지가 반짝 거렸다. 그 반지 안쪽에 새겨 있는 문구가 문득 떠올랐다.

'그 중에 제일은 사랑이라'

목사 K는 조용히 일어섰다.

"저, 내일 출근 때문에 먼저 가겠습니다. 당신은 애들 데리고 천천히 와."

다들 목사 K를 바라보고만 있었다. 목사 K의 처가 집 문을 여는 소리가 온 방에 들렸다.

'철컥'.

김동기

한때 문학도로 열정을 가지다가 사는것 때문에 잠시 국어 교사와 학원에서 강사 생활을 하다가 지금은 목사가 되어 하늘을 기웃거린다. 을지로교회 목사이며 낮고 작은 자들을 위한 글을 쓰고 있다.최근 저서로는 자전적 소설 [마지막 카네이션/엔브랜딩]이 있다.

단편 소설
미수상작

46년 3일

조요한

1. 회당의 하나님

"너희의 모든 남자는 매년 세 번씩 주 여호와 이스라엘의 하나님 앞에 보일지라"

안식일 회당에서 식곤과 사투를 벌이던 남자의 눈이 번쩍 떠졌다. 남자는 좌우에 앉은 두 아들들의 어깨를 마구 두드리며 벌떡 일어섰다. 토라를 낭독하던 랍비도 읽던 것을 멈추고 동그란 눈으로 남자를 바라보았다. 모든 사람의 눈길이 남자에게 집중되었다. 남자는 주변의 시선에 머쓱한 미소를 지으며 조용히 자리에 앉았다.

"매년 세 번씩 주 여호와 이스라엘의 하나님 앞에 보일지라"

어릴 적 유대 땅을 벗어난 이후로 단 한 번도 예루살렘을 가보지 못한 남자의 머릿속은 온통 예루살렘으로 가득 차올랐다.

자신이 어린 시절 멀리서 보았던 예루살렘 성전의 위엄과 그곳에 구름과 같이 임재하신 하나님의 영광, 그리고 수많은 사람들의 행렬 속에서도 끝까지 놓치지 않았던 아버지의 손…. 안식일 회당에 랍비의 목소리는 더 이상 들리지 않았다.

남자는 회당에서 집으로 돌아오자마자 발을 닦지도 않고, 신발을 신은 채 집 안을 뒤지기 시작했다. 창고 어딘가 두었던 가죽 수통과 여분의 신발, 그리고 의자에 걸린 겉옷과 부엌에 있는 말린 무화과와 대추야자, 금고에 넣어놓았던 비상금까지 전부 꺼내어 가방 안에 주섬주섬 담기 시작했다. 남자는 무엇에 홀린 듯 짐을 쌌다.

유대 땅 밖에서 동포 유대인들을 볼 수 있는 기회는 안식일 회당 외에는 쉽게 생기지 않는다. 아버지와 함께 집에 오지 않고 회당에 남아 동료들과 좀 더 대화를 나누다 뒤늦게 돌아온 아들들은 난장판이 된 집안을 보고 도둑이 든 것은 아닌가, 아버지는 무사하신가 걱정이 되어, '아버지'를 외치며 집 안으로 뛰어 들어갔다. 그리고 그곳에서 짐 보따리를 잔뜩 싸고 있는 아버지를 발견했다.

"아버지, 갑자기 왜 그러세요. 집안 꼴이 이게 뭐에요."

첫째 아들은 점잖은 아버지의 부산스러운 모습이 적잖이 당황스럽다. 남자는 두 아들을 세워 놓고 동쪽을 가리키며 손가락으로 예루살렘을 끄적였다. 그리고는 예루살렘을 향해 몸을 굽혀 절을 하는 시늉을 시작했다. 아들들은 아버지께서 왜 이러시나 눈치를 채지 못해 서로의 얼굴을 바라보며 눈만 깜박였다. 아버지는 답답한 가슴을 치며 손가락으로 성전이라는 글자를 허공에 그렸다. 예루살렘, 경배, 성전.

문득 첫째는 오늘 오전 회당에서 랍비가 낭독한 출애굽기의 말씀을 떠올렸다. 예루살렘을 향한 남자의 마음을 알아챈 첫째가 남자의 두 어깨에 손을 올리고 눈을 살짝 추켜 뜨며 말했다.

"아버지, 예루살렘에 가시려고 짐을 챙기시는 거예요? 아니, 갑자기 왜 안 하시던 일을 벌이세요. 지금까지 이곳 회당에서도 그리고 가족들끼리 화목하게 유월절을 잘 보냈잖아요?"

남자는 고개를 세차게 저으며 자신의 가슴을 두어 차례 두들겼다. 그의 눈은 어느새 툭 건들면 눈물이 왈칵 쏟아져 나올 것처럼 충혈되어 있었다. 옆에서 형과 아버지의 대화를 지켜보던 둘째가 형의 팔을 아버지의 어깨로부터 치워낸다.

"형님. 아버지께서는 예전부터 예루살렘에 다시 한번 가보시는 게 소원이라고 가끔 저한테 그러셨어요. 아버지께서 유대 땅을 떠나오신지 어느덧 46년이라는 시간이 지났습니다. 우리 동네만 해도 예루살렘으로 순례를 가기 위해서 나그네들이 많이 지나다니잖아요? 우리도 마음만 먹으면 갈 수 있어요. 이번 유월절은 아버지의 소원대로 성전에 계시는 하나님께 예배하러 갑시다."

첫째는 아버지에게 감히 내지 못하던 역정을 동생에게 쏟아냈다.

"우리 회당에 계시는 하나님은 성전에 계시는 하나님보다 능력이 없다고 하더냐?"

세 남자는 계획을 실천으로 옮기기 위해 곧 바로 움직이기 시작했다. 막상 일이 시작되자, 첫째는 두 남자의 부탁에 투덜대면서도 누구보다 열심히 행장을 꾸리는데 앞장섰다. 누가 이 모습을 보았다면 첫째가 순례를 제안했다고 생각했을 것이다. 안식일이 끝나는 저녁 해가 지고 한 주의 첫날이 오면 바로 출발할 수 있도록 분주하게 짐을 꾸렸다. 남자는 홀로 남겨질 부인의 손을 꼭 잡고 눈빛으로 자신이 돌아올 때까지 집을 잘 부탁한다는 뜻을 전했다. 그리고 아들과 함께 미리 옆집에 방문하여 유월절 저녁을 아내와 함께 해달라고 부탁하는 것도 잊지 않았다. 해가 지고 일주일의 첫째 날이 되자 세 남자는 차가워진 광야의 바람을 맞으며 예루살렘을 향한 순례의 길을 떠났다.

2. 예루살렘의 하나님

세 남자는 부지런한 걸음으로 이집트를 거쳐 유다 산지까지 걸어왔다. 얼마나 걸어 왔을까, 드디어 세계의 각지에 흩어진 동포들이 이루는 예루살렘으로의 거대한 행렬이 눈에 들어왔다. 자신과 같은 색의 피부에 같은 머릿결을 가진 동포도 있었지만, 그을린 것인지 이방의 피를 물려받은 것인지 모를 다른 피부색의 동포나 이국적인 복장을 한 동포들도 있었다. 나귀를 탄 사람도 있었고 낙타를 타고 온 사람도 있었다. 아람어를 능숙하게 말하는 사람도 있었고, 어색한 헬라어로 떠들어대는 사람도 있었다. 이것이 율법이 시온에서 나오고 주의 말씀이 예루살렘에서 흘러나올 때, 만국 백성이 성전으로 모이리라 하신 선지자의 예언이 이루어진 것일까? 아직 예루살렘 성문이 한참인데 벌써 남자의 눈에는 눈물이 맺혔다. 난생 처음 다윗의 성, 하나님의 집을 눈으로 목격하게 되리라는 사실에 두 아들의 마음도 기대로 부풀어 올랐다. 세 남자는 그 행렬에 합류해 파도에 밀려 오르듯 예루살렘 성문까지 부지런히 걸어갔다.

한 시간 남짓 걸어 도착한 예루살렘은 이미 인파로 가득 차 있었다. 성내는 축제를 준비하는 사람들로 바빴다. 헬라와 아시아, 아프리카와 아라비아에서 모인 수많은 사람들이 한데 어우러져 모두가 같은 하나님의 백성임을 확인했다. 세 남자는 성문을 통과하면서, 예루살렘을 순례하는 각지의 동포들을 환영하기 위해 미리 준비해둔 것으로 보이는 길 위를 걸었다. 길바닥에는 종려나무 가지들과 색색의 옷가지들이 성문 입구에서부터 성전으로 가는 길 위에 깔려 있었다. 멀리서는 성전을 방문하는 순례자들을 환영하는 시편이 낭독되었다.

"여호와의 이름으로 오는 자가 복이 있음이여 우리가 여호와의 집에서 너희를 축복하였도다."

남자는 평생 유대 지역 바깥에서 살았던 자신을 한 민족으로 품어주는 예루살렘의 환대에 들뜨기 시작했다. 왜 지금껏 오지 않았을까, 예루살렘의 성전을 등지고 이방인과 같이 살았던 자신을 자책했다.

세 남자는 성전에 들어가 예물을 드리기 전에 먼저 묵을 숙소를 찾았다. 아직 유월절까지 시간이 조금 남았으니 방을 잡고 유월절 음식도 미리 준비하기 위함이었다. 남자는 예루살렘 남쪽에 있는 한 다락이 딸린 숙소를 찾았다. 마침 그곳에 있던 한 부인이 그들을 맞았다. 하지만 그녀는 곤란하다는 듯이 방을 줄 수 없다고 했다.

"예루살렘 안에는 방이 없어요. 방을 구하시려면 한참 전에 미리 와계시든가, 아니면 예루살렘 밖에 있는 베들레헴, 아니면 조금 멀더라도 여리고에서 방을 잡고 예루살렘으로 오셨어야죠."

성전을 방문하는 수많은 나그네들을 위해 준비된 많은 방들은 이스라엘 전역에서 모이는 사람들과 세계 각지에서 모이는 사람들로 인해 유월절이 시작되기 한참 전부터 만석이 된다고 한다. 더군다나 올해는 갈릴리에서 온 사람들이 더 늘어나 예년보다 일찍 방이 찼다고 했다.

"아무 방이라도 괜찮습니다. 다락방도 상관없고, 지붕 위도 상관없습니다. 하다못해 마구간이라도 괜찮습니다. 그저 등을 붙이고 누울 수 있는 곳만이라도 있으면 됩니다."

첫째 아들은 숙소가 아니더라도 길거리에서 이슬만 피할 수 있으면 된다고 사정하였다. 하지만 돈이나 권력으로도 어찌 할 수 없을 정도로 예루살렘 안에서 유월절을 보낼 방을 구하는 것은 하늘의 별을 따는 것과 같았다. 부인은 아쉽게 되었다는 듯이 말을 건넸다.

"사실 큰 다락방 하나가 남아 있었는데, 어제 한 무리가 와서 자리를 잡아 버렸어요. 이제 정말 예루살렘에는 여러분이 머물 수 있는 공간이 아무데도 없을 거예요. 해가 지기 전에 예루살렘 바깥에서 머물 곳을 빨리 찾아보세요. 곧 유월절 양 잡는 날이 옵니다."

세 남자는 더 이상 움직일 기력이 남아있지 않았다. 그들은 한적한 동네 주변에서 노숙하기로 마음을 먹었다. 겉옷이 이슬에 젖어 흘러내려도 그들의 기대와 감격까지 씻어낼 수는 없었다. 예루살렘에서 맞는 두 번째 날, 그들은 대추야자 열매 하나에도 힘이 솟았다. 곧 성전에 들어가 이스라엘의 하나님, 조상들의 하나님을 뵈옵고 그 앞에 자신도 하나님의 백성임을 드러낼 날이 밝았기 때문이었다. 이방 땅 회당의 하나님이 아닌 시온 산성의 하나님이 이들을 기다리고 계신다. 조금 내려가 실로암 못에서 물을 길어 성전에 들어가기 전 단장을 마쳤다. 손과 발을 깨끗이 씻고 머리에 기름을 바르고서 성전을 향했다.

3. 성전의 하나님

예루살렘 성전의 위용은 대단했다. 성전 산 위에 솟은 건물은 고향에서 보던 어떤 건물에 비할 바가 못 되었다. 남자는 어렸을 때 아버지로부터 들은 다윗의 씨에 대한 이야기를 떠올렸다. 메시아, 하나님의 아들이라 불리는 인물이 나타나서 우리를 구하고 하나님께서는 영원히 이스라엘 위에 거하시게 될 것이라는 옛 선지자의 예언이었다.

남자는 아들들에게도 자신이 어렸을 때 아버지께서 해주셨던 이야기를 그대로 전해 주었다. 아들들은 평소 고향에서였다면 아버지의 옛날 이야기를 귀담아 듣지 않았을 테지만, 오늘만큼은 아버지의 이야기가 고향에서 들었던 헬라와 로마 영웅들의 이야기보다 흥미진진했다. 아들들은 성전의 웅장함을 보며, 지금 당장이라도 하나님의 아들이 불 병거를 타고 하나님의 군대와 함께 성전 꼭대기에 나타나더라도 이상하지 않으리라 생각했다.

첫째 아들은 고향에서 성전의 하나님과 회당의 하나님을 비교했던 자신의 어리석음을 후회했다. 그는 회당에 계시는 하나님보다 이곳에 거하는 하나님께서 자신과 가족에게 더 큰 축복과 안녕을 내려주실 수 있을 것이라 확신했다. 왜 수많은 사람들이 매년 하나님 앞에 자신을 보이려 예루살렘으로 오는지 이해가 되었다. 하나님께서는 이곳에 거하신다.

성전의 뜰에 들어오자 가장 먼저 환전상들과 상인들을 만날 수 있었다. 이들은 세계 각지에서 쓰이는 다양한 돈들을 성전에서 쓰일 수 있는 아무런 형상도 새겨지지 않은 돈으로 바꾸어 주는 일을 했다. 그리고 그 옆에서는 아무런 제물도 가지지 않고 예루살렘으로 나아온 사람들에게 즉석에서 제물을 살 수 있는 상점도 마련되어 있었다. 소나 양은 부자들이나 살 수 있었고 대다수의 서민들에게는 비둘기가 최선의 선택이었다. 그들은 성전의 넓은 뜰 한 가운데에 섰다. 아들들은 아버지께 자신들이 비둘기를 사오겠다고 말했다. 아버지도 전대에서 돈을 꺼내 손에 쥐어주며 아들들을 상인들에게로 보냈다. 아들들은 아버지께 멀리 가지 말고 이곳에 계시라고 당부한 뒤 상인들이 있는 곳으로 발걸음을 옮겼다. 아들들은 상인들에게 다가가 비둘기 한 마리가 얼마인지 물었다. 그러나 웬걸, 상인은 아무런 대꾸도 하지 않고 눈을 감고 손사레만 칠뿐이었다.

'아니 우리가 돈 없는 이방 뜨내기라고 무시하는 것인가?'

적잖이 당황한 둘째는 속이 끓어 상인이 앉은 책상 위로 동전을 쏟아 놓았다.

"아니, 돈이 있는데 비둘기를 살 수 없다는 게 말이 됩니까? 저희가 예루살렘까지 비둘기를 들고 올 수도 없고, 오는 길에 잡아올 수도 없는 노릇 아닙니까? 저희가 듣기로는 성전 안에서 하나님께 드릴 제물을 사서 드릴 수 있다고 들었는데 여기까지 온 저희는 어쩌란 말입니까?"

성전 뜰에 앉아 동전을 바꾸며 텅 빈 새장을 힐끗 보더니, 상인은 신경질적인 목소리로 소리를 질렀다.

"아니, 원래 여기 비둘기들이 많이 있었단 말이야. 그런데 갈릴리에서 온 어떤 미친놈이 힘쓰는 패거리를 끌고 여길 오더니

상을 뒤엎고 비둘기들을 절반 이상을 날려 버렸다고. 그나마 남아있던 비둘기들은 소문을 들은 순례자들이 미리 다 사가 버렸고. 지금 우리가 그 미친 놈 때문에 입은 손해가 얼마나 큰지 알아? 우리도 못 팔아서 화가 치밀어 오른다고."

정말 새장은 모두 텅 비어 있었다. 상인은 유월절 한 철 장사, 대목을 놓친 것에 분노를 여과 없이 표출했다. 아들들은 오히려 상인에게 죄송하다는 말과 함께 서둘러 자리를 뜰 수밖에 없었다. 아들들은 먼 거리를 고생해서 걸어 성전까지 왔는데 하나님께 드릴 제물을 사지 못한다는 말을 차마 아버지에게 전할 수 없었다. 속으로 얼마 전 성전에 와서 난동을 부렸다는 미상의 갈릴리인에 대한 알 수 없는 분노를 욕과 함께 삼킬 수밖에 없었다.

남자의 마음은 벌써부터 성소 안으로 들어가 있었다. 남자는 아들들을 기다리며 성소 문 앞에 서서 사람들이 각자의 제물을 가지고 들어갈 때마다 문 사이로 제단을 슬쩍 훔쳐 보고 있었다. 그는 벌써 자신이 준비한 정결한 비둘기를 하나님 앞에 태워드리는 모습을 머릿속으로 상상했다. 입으로 율법서에 나오는 제사의 순서를 읊조려가며 예행 연습을 하고 있었다. 혹여나 하나님의 제물에 죄를 짓지 않을까 하는 그의 경건함의 발로였다. 그의 얼굴은 마치 바닷가에 놀러 나온 어린 소년의 표정과 같았다.

"거기 아저씨."

성전을 지키는 병사 한 명이 남자를 불러 세웠다.

"아저씨, 제물은 어디에 두고 몸만 왔어요? 하나님께 제사를 드리려면 흠 없는 동물이 필요합니다. 아시겠어요?"

남자는 자신의 아들들이 비둘기를 사고 있는 곳을 향해 손가락을 찌르듯 내질렀다. 그리고 비둘기처럼 두 팔로 날갯짓을 해 보였다.

"저기 아저씨 말 못하세요? 벙어리에요?"

남자는 어떻게 대처해야 할지 몰랐다. 그는 감히 입을 열지 못했다. 평생 입을 여는 것을 두려워하며 살아온 그였다. 어머니로부터도 절대로 사람들 앞에서 함부로 입을 열지 말라고 교육을 받았다.

"아저씨 뭐하세요? 말을 해 보시라고요."

잠시 고민하다 조심스럽게 입을 연 그의 입에서는 뜻을 알 수 없는 괴성이 뿜어져 나왔다.

"우어어아으어"

그 소리를 들은 병사는 흠칫 몸을 뒤로 젖혔다. 그리고 잠깐 고민하는 듯, 우왕좌왕 하다가 이내 자신이 왔던 곳으로 뛰어 돌아가 버렸다. 남자는 그를 붙잡아야겠다고 생각은 했지만 병사의 옷자락을 잠시 움켜쥔 그의 손은 힘없이 풀려 땅으로 떨어졌다.

아들들이 남자를 향해 터벅터벅 걸어오고 있었다. 아들들의 손에는 아무 것도 들려있지 않았다. 그들은 실망한 표정을 아버지 앞에서도 감출 수가 없었다. 비록 아직 남자가 아들들의 표정이 보이는 거리에 있지는 않았지만, 그들의 손에 아무 것도 없음을 보고 무엇인가 잘못되어 가고 있음을 직감했다.

아들들이 점점 가까워져 올 때, 동시에 아들들보다 더 빠른 속도로 병사들과 제사장의 예복을 입은 한 무리의 남자들이 뛰어오고 있었다. 남자는 자신을 향해 오는 양편 중 어디에 시선을 두어야 하지 몰라 갈팡질팡 하고 있었다. 아들들의 발걸음은 더뎠고, 그사이 도착한 병사들이 남자의 목덜미와 양 팔을 잡고 흔들어댔다. 그중 수염이 희끗한 제사장이 삿대질을 하며 호통을 쳤다.

"어디 온전하지도 못한 벙어리 녀석이 거룩한 하나님의 전에 들어와 부정한 일을 일삼으려는 게냐? 썩 내쫓아 보내거라."

나이 많은 한 제사장의 명령에 젊은 제사장들과 병사들은 남자를 강제로 성전 뜰 밖으로 몰아냈다. 그 모습을 본 아들들은 자신의 아버지가 무슨 연유로 쫓겨나는지 알지 못한 채 아버지를 보호하려 그들을 저지하기 위해 서둘러 달려갔다.

"아니! 여보세요! 우리 아버지께 무슨 짓입니까? 우리 아버지께서는 한 평생을 율법을 어기지 않고 하나님 앞에서 온전하게 살아오신 분이십니다. 성전에 못 들어갈 이유가 없으신 분이십니다."

"이 무지렁이들아! 너희는 하나님께서 모세를 통해 아론에게 명한 말씀을 듣지 못했단 말이냐? 누구든지 제사장 중에서 육체에 흠이 있는 자는 하나님께 음식을 드리러 가까이 오지 못할 것이라고 하셨다. 하물며 거룩한 제사장이 그럴진대 너희 부정한 시정잡배들이야 말할 필요가 있겠느냐? 썩 나가거라!"

그 옆에서 젊은 제사장들이 아들들의 오는 것을 막으며 말했다.

"육체에 벌을 받은 것은 그의 부모나 그 자신이 죄가 많아 하나님께로부터 벌을 받은 것이라 하였습니다. 당신 아버지께서 말씀을 못하시는 것은 입으로 지은 죄가 커서 하나님께서 그의 입을 막으신 탓입니다."

남자와 그 두 아들은 성전 문 바깥까지 병사들과 제사장들의 힘에 밀려 아무런 저항도 하지 못하고 쫓겨났다. 비둘기를 사지 못했다는 사실도, 여기까지 몇 주간을 광야의 땡볕 아래를 걸었던 고생도, 발바닥에 잡혀 신경을 찌르는 물집들도, 그들의 머릿속에서 모두 달아났다. 그들은 자신들이 그토록 바라고 또 보

기를 원했던 성전으로부터 버림을 받았다는 사실이, 평생 예루
살렘 땅을 바라며 살았던 자신들이, 하나님의 백성 될 수 없다
는 사실이, 그 배신감과 뒤통수를 맞은 듯한 얼얼함이, 그들의
마음을 부글부글 끓어오르게 만들었다. 남자는 속이 니글거렸
다. 남자는 성전 문 앞에서 주저앉았다. 더 이상 걸을 힘도 없었
고 걸음을 내딛어야 할 이유도 없었다. 눈물도 나오지 않았다.
그저 성전을 바라보며 하나님의 이름을 의미 없이 머릿속으로
되뇔 뿐이었다.

　'나의 하나님 어찌하여 나를 버리십니까?'

　그들은 감히 다시 고향으로 돌아갈 엄두가 나지 않았다. 이
곳에 오려던 목적과 이유를 몽땅 상실해 버린 그들에게 이곳은
하나님의 나라도 다윗의 성도 아니었다. 낯설고 두려운 이방의
땅 그 자체였다. 그토록 믿었고 그토록 바랐던 나의 조국이 나
를 함께 예배드릴 수 있는 존재로 인정해 주지 않는다는 사실
은 남자에게 그리고 아들들에게도 도저히 받아들여지지가 않았
다. 그들은 자신들이 이스라엘에게 버림받았을 뿐 아니라 하나
님께도 버림받았다고까지 그들의 생각이 옮겨갔다. 그러다가
하나님께서 자신들을 아무 이유 없이 버리지는 않으셨을 것이
라고, 분명 자신들에게 무엇인가 잘못이 있는 것이라고 생각했

다. 우리가 이방 땅에서 너무 오래 살았던 탓이 아닐까 그래서 하나님을 뵙기에 부정한 존재가 된 것이 아닐까 그들의 생각은 산불같이 번져나갔다. 그리고 엉킨 실처럼 얽혀 머릿속을 엉망으로 만들고 있었다.

마음을 가장 먼저 추스른 것은 첫째였다. 첫째는 힘겹게 입을 뗐다.

"아버지. 잠시 한적한 곳에 계세요. 저희가 주변 마을로 가서 묵을 곳을 좀 찾아볼게요. 지금 다시 일어나서 돌아갈 힘도 남아있지 않으신데, 준비도 없이 길을 떠났다가는 아버지께 무슨 일이 생길지 몰라요. 저희 여기서 며칠 묵으면서 기력을 회복하고 다시 돌아가겠습니다."

"에잇! 이딴 동네 조금도 머무르고 싶지 않아요. 형님! 아버지께서 준비가 되시는 대로 바로 떠납시다."

둘째는 예루살렘을 저주하고 하나님의 성전을 저주했다. 감히 아버지와 형 앞에서 입 밖으로 꺼내지 못했지만, 하루속히 성전이 무너져 버렸으면 좋겠다고 생각했다.

첫째는 방을 찾기 위해 먼저 길을 나섰다. 예루살렘 바로 옆 동네 부정한 자들이 모여 산다는 베다니에 방이 있을까 싶어 첫째는 그곳으로 향했다. 성전을 방문하는 순례자들이 혹여나 부정해질까 근처에도 가지 않는 동네였다. 그들도 역시 성전에 들어올 때는 거들떠도 보지 않았었지만 이제 자신들이 있을 곳은 그곳뿐이라는 생각이 들었다. 둘째는 아버지를 부축하여 성전 서쪽에 있는 한적한 언덕으로 모셨다. 성전의 서쪽 언덕도 사람들이 웬만해서는 잘 찾지 않은 곳이었다. 둘째는 언덕 길가 나무 밑에 아버지를 눕혀드린 뒤 자신도 빨리 형을 따라 가겠다고 했다. 자신들이 올 때까지 어디도 가지 말고 계시라는 말과 함께 아들들은 기력이 쇠한 아버지를 남겨두고 떠났다.

저녁이 되었고, 별이 하나 둘씩 빛나기 시작했다. 남자는 기운을 차리고 자리에서 제 발로 일어날 수 있게 되었다. 다리에 힘을 줘서 일어나자 예루살렘 성전과 성전을 떠받들고 있는 도시 예루살렘이 눈에 들어왔다. 도시는 세계 각지에서 모인 사람들 때문에 저녁이 되어도 그들의 소리가 언덕까지 들려왔다. 사람들의 떠드는 소리에 밤이 깊어가도 남자의 눈은 쉽게 감기지 않았다. 하지만 얼마 지나지 않아 도시에도 졸음은 찾아오고 풀벌레 소리가 들리기 시작했다. 예루살렘의 불이 꺼져갈수록 하늘은 점점 밝아져 갔다. 밤은 새벽이라는 이름을 입었다. 별이 가장 밝게 빛나는 시간, 예루살렘이 완전한 흑암 가운데 빠져있을 시간, 한 줄기의 불빛이 성전으로부터 나와 반딧불이처럼 흔들리고 있었다. 남자는 홀린 듯 불빛을 따라가려고 일어났다. 일어나 언덕 밑을 향해 내달렸다. 하지만 언덕에서 막 내려왔을 그때 불빛들은 별똥별처럼 사라졌다. 그것들은 도대체 무엇이었을까? 이 늦은 시간 몰래 불을 밝혀 어디로 향하는 것일까? 숨을 헐떡이며 그 자리에 서서 생각했다. 생각은 더 이상 이어지지 않았다. 마지막 힘을 소진한 남자는 그 자리에서 엎드러져 곤한 숨을 내쉬며 잠이 들었다.

4. 십자가 위의 하나님

사람들이 웅성대는 소리에 눈을 떴다. 해는 이미 떴고, 하늘은 맑았다. 예루살렘에 그가 도착한지 삼 일째. 그는 길가에 새우처럼 웅크리고 있었는데 아무도 그를 신경 쓰지 않았다. 분명 길 위에서 죽은 듯 자는 사람보다 더 놀랍고 흥미로운 사건이 백성들을 기다리고 있으리라. 백성들은 누군가의 행차를 기다리는 것인지 일렬로 길게 늘어서 맞이할 준비를 하고 있었다. 아니 그들의 태도를 보았을 때 맞이한다기보다는 구경할 준비를 하고 있었다. 그는 힘겹게 몸을 일으켜 무슨 일이 벌어지는지 보려고 무리 사이로 슬쩍 끼어들었다. 사람들은 희귀한 동물을 보듯 웃어댔고, 어떤 사람들은 경멸하는 눈빛으로 '나무에 달린 자는 저주 받았다'는 성경 구절을 외쳐댔다. 그는 속으로 자신과 같이 하나님으로부터 버림받은 사람이 또 있나보다 생각했다. 군중들의 웅성거리는 소리는 파도를 타고 오듯 점점 커졌고 흥분을 참지 못하고 손에 든 물건을 던지는 사람의 모습도 멀리서 보였다. 드디어 소문의 주인공이 나타났다.

멀리서 피투성이가 된 한 남자가 걸어오고 있다. 햇볕에 그을려 까맣게 탄 피부, 노동으로 연단된 탄탄한 몸. 길게 자란 검은 곱슬머리와 낙타를 닮은 긴 눈썹. 그러나 그의 아름다움은 세상의 무거운 짐에 모조리 짓눌려 으깨져 버렸다. 채찍질로 뜯겨나간 피부, 벌어진 상처 사이로 흘러나오는 선홍색 피, 온몸에 든 멍이 파랗고 선명했다. 머리에 가시나무로 엮은 면류관 외에는 아무 것도 걸치지 않은 채 십자가를 그의 어깨에 메고 있었다. 발걸음은 좌우로 흔들렸고 그의 몸은 언제 넘어져도 이상하지 않을 것 같았다. 그러나 로마 병사들은 그와 옷깃이라도 닿을까 창끝과 채찍으로 밀어낼 뿐 그를 도와주지 않았다.

쿵. 아슬아슬한 줄타기를 하고 있던 남자가 십자가와 함께 땅으로 고꾸라졌다. 남자는 더 이상 일어날 힘이 없어 보였다. 남자는 가쁜 숨만 몰아쉬었다. 병사들도 더 이상 걷기는 무리라고 판단했는지 일으켜 세우려 하지 않고 십자가를 대신 질 사람을 찾았다. 병사가 몇 사람을 붙잡았지만 붙들린 사람들마다 미꾸라지처럼 그들의 손을 피해 달아났다.

"어이, 거기 이리 나와 봐."

어리둥절한 표정으로 그는 로마 병사와 눈이 마주쳤다. 그는 손가락으로 자신을 가리킬 뿐 아무런 말도 하지 못했다. 별다른 반응이 없자 로마 병사는 신경질적으로 그의 멱살을 잡아 십자가 옆으로 내동댕이쳤다.

"이제 네가 이걸 들고 언덕 위까지 오를 거야. 중간에 게으름 이라도 피우면 너도 이 죄인과 똑같이 채찍에 맞을 줄 알아!"

으름장을 놓는 로마 병사의 울그락 불그락한 얼굴에 그는 손을 파르르 떨며 십자가를 집어 들어 힘겹게 등에 올려놓았다. 피투성이가 된 남자와 함께 어깨를 맞대었다. 곁눈질로 훑은 남자의 눈 속에는 알 수 없는 슬픔이 서려 있었다. 자신의 얄궂은 운명을 슬퍼하는 것 같지는 않았다. 오히려 그곳에서 자신을 구경거리로 삼은 무리들과 로마 병사들 그리고 그를 향한 슬픔이었다. 슬픈 눈의 남자는 입술을 꽉 깨물며 결심한 표정을 지었다.

얼마 걷지도 않았는데 그의 어깨가 십자가에 짓눌려 뭉개질 것만 같았다. 매끄럽게 다듬어지지 않은 나무에 손바닥이 쓰라렸다. 옆에서 비틀거리는 남자는 계속 그의 어깨에 체중을 실었다. 어젯밤 달려 내려올 때는 금방이었던 언덕길이 십자가를 매고 올라가려니 그렇게 멀어 보일 수가 없었다. 그는 숨을 헐떡이며 걸음을 멈추고 잠시 로마 병사를 바라보았다. 철썩. 잠시 발놀림을 멈추자마자 병사의 손에 들린 채찍이 그의 등을 내리쳤다. 깜짝 놀라 뛰어오르는 망아지처럼 그는 다음 걸음을 도망치듯 내딛었다. 남자의 몸이 피로 물든 것처럼 그의 몸은 온통 땀으로 물들었다. 남자의 피가 어깨를 따라 흘러 마치 그가 함께 피를 흘린 듯 보였다. 손바닥은 다 까졌고, 흔들리는 십자가가 계속 머리를 찧어 이마에서 피가 흘러 내렸다. 중간에 신발이 벗겨져도 다시 신을 수 없었기에 긴 여행으로 고단한 발에서도 물집이 터져 진물이 흥건했다.

"너 때문에 이번 유월절은 망했어!"

그의 얼굴에 신발 한 짝이 명중했다. 군중들 사이에서 남자를 향해 던진 신발이었다. 수군수군 하는 소리는 며칠 전 성전에서 남자가 일으킨 소란에 대한 소문이었다. 이 남자가 그의 이번 유월절 순례를 망친 주범이었던 것이다. 게다가 이 남자 때문에 십자가를 지는 수모를 당하고 남자를 향해 날아오는 신발까지 대신 맞아야 하다니, 그의 속에서 분노가 이글이글 타올랐다. 그는 꺼풀이 부어올라 차마 다 뜨지 못한 남자의 눈을 증오로 바라보았다. 남자는 그의 눈을 바라보고 싱긋 웃어보였다. 남자의 미소는 역겨웠다. 그는 도저히 참지 못해 로마 병사들의 눈을 피해 남자의 얼굴에 침을 뱉었다.

"퉤!"

뺨에 침을 맞은 남자가 흠칫 놀라며 그를 다시 바라보았다. 침은 피와 뒤섞여 흘러내리고 그의 눈은 부어올라 흉측하기 그지없었다. 그는 숨을 몰아쉬며 나지막이 그에게 속삭였다.

"너의 죄가 모두 씻긴 바 되었으니 평안히 고향으로 가라."

그는 남자를 휘둥그레진 눈으로 쳐다봤다. 숨이 턱 막혀왔다. 평생 죄를 씻지 못하고 이방 땅에서 죄를 쌓아 왔다고 생각한 그였다. 46년 동안 회당에서 하나님의 말씀을 아무리 암송하고 들어도 아무런 감동이 없었다. 자신이 목소리를 잃어버린 것도 성전의 제사장들 말마따나 자신의 죄라고 생각하며 살아온 그였다. 남자의 한마디 말에 그의 심장이 녹는 듯했다. 그의 탓이 아니라고 말해주는 것 같았다. 성전에서 드려지는 백 마리의 양보다도 남자의 말 한마디에 그의 죄가 눈이 녹아 사라지듯 깨끗이 지워지는 것 같았다. 그는 십자가를 깍지 낀 손으로 얽어매고서 이를 악물고 발을 내딛었다. 그의 뺨에서는 눈물인지 땀인지 알 수 없는 뜨거운 것이 흘러내리고 있었다.

숨을 헐떡이며 언덕 정상을 밟았다. 언덕 위에서는 미리 와서 기다리고 있던 병사들이 망치와 못을 들고서 그를 맞이했다. 로마 병사는 짓궂게 웃으며 망치와 못을 부딪쳐 쇳소리를 내면서 그에게 다가왔다. 그는 겁에 질려 십자가가 자신의 것이 아니라고 항변하듯 십자가를 밀어냈다. 무게를 혼자서 이기지 못한 남자가 십자가에 밀려 쓰러졌다. 병사들이 키득댔다.

"이제 가보라고."

로마 병사가 발로 그를 툭툭 치며 말했다. 그는 자신 때문에 넘어진 남자가 걱정되어 그에게로 걸어갔다. 남자는 엎드려 가쁜 숨을 쉬고 있었다. 그는 남자에게 손을 내밀었다. 하지만 남자는 그 손을 잡을 힘조차 없었다. 로마 병사가 그의 손보다 먼저 남자의 두 발을 붙들어 십자가로 질질 끌고 갔다. 그는 무기력하게 끌려가는 남자를 바라보며 무릎을 꿇었다. 남자는 십자가에 눕혀졌다. 땅. 땅. 땅. 못과 망치의 부딪히는 소리가 울려 퍼진다. 그는 자신의 손목 사이로 못이 들어오는 것 마냥, 소리에 맞추어 몸을 움찔거린다.

사라진 아버지를 찾아 헤매던 아들들이 언덕 위에서 그를 발견했다. 둘째가 아버지에게 달려오며 말했다.

"아버지! 왜 여기 계세요! 한참 찾았잖아요."

그의 귀에 아들들의 목소리가 들리지 않았다. 그는 아들들을 뒤로한 채 손과 발에 못이 박혀 들려 올라가는 남자를 바라보았다. 그는 남자를 올려다보며 나지막이 입을 열어 내뱉었다.

"이스라엘의 찬송 중에 거하시는 주여. 주는 거룩하시나이다."

마침 알렉산더와 루포의 아버지인 구레네 사람 시몬이 시골로부

터 와서 지나가는데 그들이 그를 억지로 같이 가게 하여 예수의

십자가를 지우고

(막 15:21)

조요한

한양대학교 국어국문학과를 졸업하고
현재 장로회신학대학교 신학대학원에 재학중이다.

2

———

수필

서시

김일환

이 나이에(36살) 다시 대학원을 다니고 있다. 이름은 좋다. 박사과정. 그러나 빛바랜 시간과 마주하고 있는 중이다. 나의 양심은 못난 입이라도 있어서 자주 나를 괴롭힌다. 이따위 공부가 정말 박사가 될 수 있는 과정이냐고. 사실 나도 모르겠다. 확실한 건 내가 배우고 익히는 것들은 모두 나의 삶을 생존하게 하는 것들과는 전혀 다른 문법을 가지고 있다는 점이다. 괴상한 철학자들의 이름, 못생긴 신학자들의 이름(3글자로 된 우리의 이름이 진정 위대하다고 자주 생각한다), 그리고 아주 고약하게 생긴 이론들을 슬기로운 방법으로 음미하고 있는 중이다. 맛이 있냐고? 걸레를 씹어 먹는 맛이다.(사실 대부분의 신학이 이런 맛이 난다)

이름이라도 소개한다. '신정론'[1]

신학을 7년간 전공했지만, '신정론'만큼 이상한 모양은 처음이다. 보통의 신학 방법론은 명쾌한 해답을 찾아가는 과정이다. 그 정확한 과정에서 해답이 '미궁'이라면 망한 것이다. 그러나 신정론은 '미궁' 자체를 탐구하는 학문이다. 이 미궁의 모양은 어떤 걸까? 깊이는 어느 정도 인가? 이 미궁은 왜 여기 있는가? 어떤 색과 냄새를 내고 있는가? 신정론은 도무지 미궁을 빠져 나오려 하지 않는다. 오히려 미궁의 모양이 괴상할수록 기뻐한다. 모순이지만, 그래서 신정론은 우리가 '인생'이라고 부르는 것들과 가장 닮아 있는지도 모르겠다.

무람없이 걸어가는 세상은 검질긴 얼굴을 하고 있다. 각자의 문제는 자각의 대답을 가지고 있다. 그래서 힙(Hip)하다는 젊은이라면 항상 옳고 매번 정확하다고 말해왔던 '정답'을 버린지 오래다. 아니, 그런 것이 존재한다고 믿지도 않는다. 교과서는 선생님을 위한 책이었다. 동화는 동화일 뿐, 삶을 거둘 수는 없다고 생각한다. 신정론을 공부하는 나도 그렇다. 이 글을 읽

---

1 멋들어지게 원어로 설명할 수 있지만 생략한다. 신정론이란, '신이 있는데 왜 이 세상에 악이 있는가?', '악은어디서부터 온 것인가?', '신은 과연 선한가?', '세상의 불의에 왜 하나님은 침묵하시는가' 등의 신학적 담론이다.

는 그대는 어떤 문제를 가지고 있는지, 그래서 어떤 해답을 찾고 있는지 모르겠다. 그러나 그대도 알고 있다. 가시를 바르고 생선살을 긁어 파내듯 살점만 가득한 해답은 애당초 나의 숟가락에 올라올 수 없다는 것을. 보암직도 하고 먹음직도 하고 지혜롭게 할 만큼 탐스럽기도 한 해답은 결국, 나의 목구멍에 불편한 가시를 선물할 뿐이었다. 일도 관계도 신앙도 모두 그러했다. 속절없는 절망감으로 가래 뱉는 기침을 하지만, 목구멍에 걸린 가시는 도무지 나오지 않는다. 젠장, 어디서부터 잘못된 것이란 말인가.

인간은 신이 만든 것이 맞을까? 누가 만들었기에 이렇게도 어설프게 만들었던 말인가. 가끔은 생각해 왔다. 우리가 '인생'이라고 부르는 것들은 인간이 만든 작은 기계류만도 못한 메커니즘을 가지고 있다고. 인생은 어찌도 이렇게 해찰궂은지, 아무리 노력을 해도 원하는 것들을 좀처럼 가질 수 없더라. 첫 사랑도, 대학도, 취업도, 꿈도 말이다. 시간을 아끼고, 돈을 아끼고, 감정을 아껴서, 좀처럼 노력을 해도 아주 이상한 것들만 내 손에 있더라. 어제도 오늘도 말이다.

그런데 참 오묘한 것은 이것에 관한 기독교의 대답이다. 그 이상한 것들이 나에게 꼭 맞고 좋은 것이라는 신비다. 기독교는 이것을 섭리, 혹은 은혜라고 아주 쉽게 표현한다. 내가 기독교를 흡수한 건지, 기독교가 나를 흡수한 건지는 모르겠지만, 어느 정도 우리는 중독을 가지고 있다.

아주 노력했던 대학은 떨어졌지만 그 덕분에 지금의 좋은 대학을 갈수 있었다. 그토록 노력했던 직장에는 떨어졌지만 그 덕분에 지금의 더 좋은 직장을 가질 수 있었다. 마음을 다하고 뜻을 다하고 힘을 다해서 노력했던 첫 사랑은 실패했지만(4년 동안 짝사랑), 그 덕분에 난 해라[2]와 결혼했다. 그래서 얼마나 다행인지 모르겠다. 실패를 굴욕으로 받아들이는 지혜를 말하는 것이 아니다. 우리가 '은혜와 섭리'라 배우고 부르는 것들은 사실, 우리가 생각한 것보다 더 신비한 직물의 모양으로 우리를 감싸고 있다. 때로는 까끌까끌 하지만 때로는 한없이 청량한 삼베모시 같이 말이다.

'원하는 것을 가지면 행복할 수 있을까?' 그대가 태어나서 한 번도 들어보지 못한 괴상한 모양의 이름을 가진 철학자들은 죽을 때까지 이런 고민을 했었다. '인간의 존재와 존재하는 인간에 대해서(The existence of man and the existence of man)' 말이다. 설익은 세상의 문법은 인간의 욕망에 탄원한다. 더 가지라고, 더 먹으라고, 더 높이 오르라고. 그래야 너의 존재는 행복할 것이라

---

2 아내의 이름은 '강해라'이다. 우리 아내의 얼굴은 아주 곱고 이름도 예쁘다.

고 말을 한다. 같은 인간인 내가 들어도 상당히 일리 있는 말이다. 당장에 나 역시 가지고 싶은 것들이 상당하니 말이다(예를 들면 아이맥프로 같은 것?). 그러나 인간의 존재와 존재하는 인간의 '겹침'을 평생 연구했던 철학자들은 인간의 행복을 그렇게 말하지 않는다. 인간의 행복은 더 오묘한 모양을 가지고 있는 법이다. 그래서 누군가는 괴로움에서 희망을 보기도 하고 풀소유에서 공허를 보기도 하며 실패 속에서 희망을 보기도 한다.

내가 믿는 기독교는 그런 인간에게 '복음'이 필요하다고 말한다. 내가 전공한 신정론은 그런 인간에게 '섭리와 은혜'가 필요하다고 말을 한다. 인간에게 필요한 복음이란 인간이 원하는 것을 단숨에 소유하게 하는 신비가 아니다. 진정 인간에게 필요한 복음이란 그런 것이 없이도 인간이 행복할 수 있다는 것이다. 인간이 특별한 것을 소유하지 않아도 얼마든지 고귀하고 품위 있고 존귀하다는 것을 말해준다. 슬픔의 뼈대 밖에 없는 시린 사연도 어린왕자 같은 설렘과 감격으로 부활 할 수 있다고 말해 준다. 복음은 그동안 인간으로서 경험하지 못한 새로운 세계가 있다고 초대한다. 그건 설익은 '긍정의 힘', '자기개발', '타이밍 싸움'이 만들어 내는 세계가 아니다. 그 세계는 '하나님의 은혜와 섭리'라는 메커니즘으로 작동된다. 가장 못생긴 현실도 하나님의 섭리에서는 최적의 현상인 것이다. 신정론은 여기에 상당히 진지한 대답을 해준다. 물론 일반인이 알아듣기에 아주 어려운 대답들이다. 그러나 극단적으로 쉽게 대답하면 '하나님의 선하심에 대한 전적인 신뢰'를 요구한다. 그분은 당신의 세계로 우리를 초대한다. 물론, 초대에 응할지 말지는 우리의 몫이다.

나에게 살면서 가장 어려웠던 몇 가지 일이 있다. 첫 번째는 결혼한 지 7년이 되었지만 아이가 없다는 것이다. 사실 이 아픔은 겪어보지 않는 사람은 한 조각도 공감 할 수 없다. 나조차도 여전히 그날의 내력들을 말하기가 싫다. 그러나 한 가지, 우리 부부는 정말 힘겨웠다. 아무리 하나님을 보아도 하나님이 보이지가 않았다. 두 번째는 공부를 더 하고 싶은데 전혀 돈이 없다는 것이다. 이런 말을 하는 것이 도무지 민망하지만, 나는 공부를 꽤 잘했다. 학부, 대학원을 거의 모든 학기 장학금을 받을 정도로 공부를 잘했다. 그래서 공부의 과정을 더 가지기 원했다. 그러나 순수하게 돈 때문에 마음을 접어야 했다. 이것 역시 순수하게 슬프더라. 세 번째, 나이가 34살인데(당시 나이) 앞으로 어떻게 살아야 하는지 도저히 알 수가 없었다. 기독교란, 확실히 인생이라는 둥그런 덩어리가 어디로 굴러가야 할지 방향을 알려 주는 성격을 가지고 있다. 신학은 그 방향의 속도와 정확도를 높여주는 성격을 가지고 있다. 그런데, 정작 나는 나의 인생을 어떻게 굴려 보내야 하는지 도무지 알 수가 없었다. 이 세 가지 정도가 서른 살이 된 나에게 던진 파동이었다. 나에게 내일은 없었다.

회개라도 하면 마음이 시원했을까? 그러나 이건 그런 문제가 아니었다. 아무리 하나님을 찾아도 그분은 나와 숨바꼭질을 하신다. 머리카락 하나 보이는 것이 진정 무서우셨는지 정말 꼭꼭 숨어 버리시더라. 나에게 주어진 텅 빈 현실은 하나님의 은혜와 섭리를 찾아내기에 너무 광활했다. 맹인이 되어버린 것 같은 기분이 들더라. 분명 나는 앞을 보고 있지만, 나는 앞이 보이지 않았다.

그러나 그 순간에 나에게 작은 깨달음이 스쳐 지나갔다. 어쩌면 지금이야 말로 가장 중요한 공간감을 마주하고 있다는 것 아닐까. 이 눈에 아무 증거 안보이기에 그토록 그리고 바라던 '믿음으로만(히 10:38)' 걸어야 하는 참된 공간감이 여기가 아닌가. 어쩌면 욥도, 아브라함도, 모세도, 그리고 예수도 이 공간감에서 하나님을 직면하지 않았겠는가. 물구나무서서 거꾸로 맺혀있는 상념(想念)으로 성경을 읽어 보니 보일 것이 보인다. 그들은 그 공간에서 아주 죽어버리지 않았다. 그들은 그 공간에서 오래된 새 길을 만났고, 오래된 새 마음을 만났고, 오래된 새

힘을 만났다. 어쩌면 하나님은 이런 무시무시한 공간감을 통해 구원의 기억이 오늘의 공간으로 회기 되길 원하셨는지 모르겠다. '나는 여전히 그 자리에서 스스로 존재하는 하나님'이라고.

그러니 참된 믿음은 눈앞에 보이는 길을 걸어감을 말하지 않는다. 지금껏 배우고 믿어 왔던 길로 걸어가야 함을 말해 준다. 그러니 말씀이라는 한 조각의 단어에 나의 온 존재의 무게감을 실어야 된다. 초라해 보이는 성서의 몇 단어들은 분명 부러지지 않을 것이다. 성경에 있는 마술 같은 광경을 동경한다면 먼저 내가 선지자가 되는 수밖에 없다.

나에겐 그 첫걸음이 눈으로 뵙는 것 같이 하나님을 믿으니 모든 것을 받아들이는 것이었다. '서시' 같이 말이다. 부족한 것은 부족한 그대로, 어설픈 것은 어설픈 그대로. 신정론은 그래야 하나님의 섭리와 은혜도 정확하게 보인다고 말한다. 삶이 마렵고 문제가 가려울수록 그분의 은혜는 더 단순하게 들어온다. 그 단순함은 하늘을 찢는 역사가 아니다. 지천에 널려 있던 '신의 암호'를 해독하는 것이다. 칼 야스퍼스는 신학의 과제를 포월자의 '암호를 해독하는 것'이라고 말한다. 해석된 암호는 나를 마르고 닳도록 문질렀던 전능한 신의 지문이 되어 사랑으로 현현한다. 의미를 만날 때, 우리 모두는 욥이 되는 것이다. 자신의 몸을 긁었던 기왓장을 버리고 아삭한 웃음으로, 이제는 정녕 하나님을 눈으로 뵈옵는 것이다. 이 눈에 아무 증거 보이지 않지만, 나에게는 오늘의 의미가 그렇다. 그러니 가장 아름다운 길은 오래된 새 길로 걸어가는 믿음이다. 가장 빛나는 지혜는 나에게 주어진 모든 것을 사랑하는 마음이다. 이젠 그분이 역사하실 차례이다. 나는 걷는다. 별을 노래하는 마음으로 모든 죽어가는 것들을 사랑해야지. 나는 믿는다. 우리의 신앙은 선지자들 같이 비범할 수 있고, 선지자들의 신앙은 우리처럼 괴로워했다는 것을.

김일환

영등포구 신길동에서 나고 자라고 살고 있다.
서울신학대학교 신학과 학사, 동 대학원 목회학 석사.
동 대학원 조직신학 박사과정 중에 있다.
〈우.리.가.본.교회〉를 개척했다.
저서로는 『혼자』(규장), 『무명』(규장)이 있다.

곁 사람

박희찬

나는 군대를 두 번 다녀왔다. 대학 1학년 때 병사로 한 번, 그리고 만 10년 이 지난 30대 초반 군종 목사로 한 번, 그렇게 두 개의 군번을 가지고 있다. 그 중에 병사로 군대에 갔을 때 신앙과 관련해서 잊을 수 없는 사건이 하나 있다. 이등병 때인지 일병 때인지, 한 번은 중대장이 중대원들을 모아 놓고 야외에서 교육을 하다 말고서 이런 질문을 했다.

"여기 교회 다니는 사람 손들어 봐라!"

중대원 중에 나를 포함해 이십여 명 정도 손을 들었다. 그러자 중대장은 또다시 질문 했다.

"이 중에 매주 교회 안 빠지고 다니는 사람 일어서 봐!"

나는 그때 일어섰다. 매주 교회 다니는 건 사실이니까! 그런데 손을 들었던 사람 중 절반 이상이 슬며시 손을 내리고 말았다. 당시 중대장의 두 번째 질문에 일어선 사람은 일곱 명 정도 되었던 것 같다. 그런데 잠시 후 중대장이 세 번째로 질문 했다.

"나는 목에 칼이 들어와도 교회를 다녀야겠다 싶은 사람 빼고 나머지 앉아!"

나는 중대장의 세 번째 질문을 듣는 그 순간 갈등했다. 구원의 확신이나 주님과의 동행은 둘째 치고, '괜히 교회도 안 다니는 중대장 앞에서 이런 일 때문에 기독교 환자라고 미운털 박히지 않을까?'라며 지레짐작하고 있었던 까닭이다.

'그래도 명색이 신학생인데 그냥 서 있어야 하지 않을까?'

이렇게 마음속으로 앉아야 할지 말지 눈치를 보고 있었는데, 선임 중에 K 분대장은 계속 서 있었다. K 분대장은 입대 전에 어느 교회에서 전도사 사역을 하던 분이었다. 계급 낮은 내가 볼 때 그 선임 병사의 모습이 얼마나 멋있게 보이던지 나도 모르게 K 분대장을 바라보다 자리에 앉을 기회를 놓치고 말았다. 결국 얼떨결에 나는 그 K 분대장과 함께 끝까지 서 있게 되었다. 그리고 우리 두 사람을 뚫어져라 바라보던 중대장이 이런 말을 했다.

"사단 교회에서 작업할 인원이 필요하다는데 너희 둘이 다녀

와라."

아! 이 무슨 황당한 인원 선발 방식인가? 그날 이후로 나는 가끔 중대장의 세 번째 질문을 나 자신에게 스스로 해 보았다.

'나는 목에 칼이 들어와도 교회를 다녀야겠다 싶은 사람인가?'

군대라는 불편한 환경에서도 남들 몰래 갈등했는데, 그보다 더한 상황들 속에서도 나는 견뎌낼 수 있을까? 목사라는 직책의 연수가 쌓이는 만큼 신앙의 확신도 단단해지면 좋겠지만 정반대다. 그러나 혹시라도 K 분대장처럼 곁에 함께 서 있어 줄 누군가가 있다면 그를 바라보며 견딜 수는 있지 않을까?

교회를 개척한 지 5년이 되었고, 카페를 운영하는 자비량 목회자가 된 지도 3년이 지났다. 자비량 목회자를 영어로는 'Tentmaking Pastor'라고 한다. 한자어로는 자기가 쓸 양식이나 물품을 스스로 갖춘다는 의미로 스스로 '자', 갖출 '비', 양식 '양'을 사용해 자비량(自備糧)이라고 한다. 요즈음은 '이중직 목회자'라는 용어도 있고 '일하는 목사'를 줄여 '일목'이라고도 한다. 분명한 것은 어떤 용어로 부르든지 상관없이 가만 생각해 보면 자비량이라는 말은 무척이나 교만한 말이 아닌가? 하나님 앞에 무능한 죄인이 어찌 스스로 먹고살며 사역을 한다는 말인가?

카페를 운영하면서, 자비량이라는 말은 '스스로 양식을 갖추는 자비량(自備糧)'이 아니라 '하나님께서 베풀어 주시는 자비의 분량(慈悲量)'이라는 사실을 매번 깨달을 뿐이다.

특히나 장사를 시작하고서 나에겐 한 가지 버릇이 생겼다. 아침 9시부터 저녁 9시까지 꼬박 12시간 동안 일하면서 창밖을 보는 거다. 창밖을 보며 손님이 오길 기다린다. 가게 문 앞에 차가 서면 혹시 손님이 아닐까 고개를 들고 본다. 그런데 차를 세운 운전자가 건너편 편의점으로 가면 실망하면서도, 우리 가게로 들어오면 반가워서 벌떡 일어선다. 내가 밥을 먹거나 책을 읽거나 혹시 누군가와 통화를 하거나 무슨 일을 하고 있든 상관없이 모든 것을 멈추고 손님에게 집중한다. 평소보다 장사가 안 되는 날이면 더 간절히 손님을 기다리게 된다. 떡이 많이 남는 날이면 '속이 타들어 간다'라는 말이 무슨 뜻인지 이해가 되기도 한다. 마감이 임박하면 제발 한 사람이라도 보내 달라며 주님께 투정을 부리기도 한다. 그런데 이런 내 모습을 볼 때마다 떠오르는 생각이 있다. 나는 손님을 기다리는 것처럼 주님을 얼마나 기대하며 살고 있을까? 그리고 주님이 오셨을 때, 주님께서 부르실 때 과연 내가 하던 모든 것을 멈추고 주님께 집중할 수 있을까? 여전히 자신은 없다. 그러나 분명히 고백할 수 있는 것은, 청년 시절 망망한 군대에서 푯대처럼 바라보며 용기를 낼 수 있게 해 주셨던 하나님께서는 그 선임병처럼 나의 계획과 예상을 뛰어넘는 특이한(?) 손님을 통해 당신의 사랑을 확인시켜 주시곤 했다는 점이다. 나에게 신앙의 푯대처럼 곁으로 다가왔던 손님들 중에 기억에 남는 손님이 한 분 있다.

떡 카페를 시작하고 두어 달쯤 지난 어느 오후에 있었던 일이다. 수능 이후, 무려 두 주간 김장철과 미세먼지와 황사, 그리고 폭설까지 겹치면서 카페엔 손님이 거의 없었다. 쌓인 물건들이 팔리지 않을 때, 자영업자들의 속이 얼마나 타들어 가는지 몸과 마음으로 체험하는 시간이었다. 수 년 전 방영되었던 아주 유명한 드라마의 명대사가 생각났다.

"날이 좋아서, 날이 좋지 않아서, 날이 적당해서 모든 날 장사가 안 되었다."

아무튼, 그 날도 미세 먼지로 손님은 없었다. 그런데 오후에 검은색 중형차 한 대가 매장 앞에 주차했다. 그것도 가게 출입구 앞에다 말이다. 두 명의 중년 남자가 내렸다. 그러고는 길을 건너가더니 누군가와 통화를 한다. 나는 속으로 '다른 곳에 주차하라고 해야 하나?' 이런 생각을 하고 있는데 또 다른 차가 한 대 오더니 주차를 한다. 이번에도 중년 남성 두 사람이 내렸고 그 두 사람 역시 길을 건너가더니 먼저 와 있던 사람과 악수를 하고 인사를 한다. 그들의 반가운 인사와 상관없이 나는 점점 기분이 상해 가고 있었다. 그런데 잠시 후 그들이 길을 건너 우리 가게로 오는 것이 아닌가?

나는 손님이 가게를 향해 오는 모습을 보면 설레고 흥분된다. 인간의 계획과 경험과 의지가 창조주 하나님 앞에서 아무것도 아닌 것처럼, 매장에 손님이 들어설 때면 그때부터 나의 감정과 태도는 오직 손님을 위해 집중한다. 손님은 말씀하시고 나는 그저 듣는다. 손님이 묻는 말에 최선을 다해 답변할 뿐 혹시라도 실수할까, 감정을 상하게 할까 싶어 조심한다. 그런데 나는 주님 앞에서 그리고 교회의 성도들 앞에서 목사로서 이렇게 진지한 태도를 보이며 살았을까? 장사하는 사람의 감정이란 그저 손님의 주문 앞에서 아무것도 아니다. 작은 것 하나를 구매해도 감사의 고백만 있을 뿐….

아무튼, 매장에 들어오던 한 손님이 나에게 묻는다. "여기 차도 마실 수 있나요?" 나는 언제 그랬냐는 듯 웃으면서 "그럼요. 됩니다."라고 말했다. 그런데 일행 중에 카페 출입구 쪽에 있는 매장 안내문을 읽던 한 사람이 뒤늦게 들어오며 나에게 묻는다. "그런데 여기 카페에서 주일엔 예배 하시나 봐요?" 나는 "네, 그렇습니다. 주중엔 카페로 쓰고 주일엔 예배 장소로 사용합니다."라고 말했다. 그 사람은 고개를 돌려 카페 내부를 살펴보면서, "음~ 여기가 주일엔 교회구나~"라고 혼잣말을 했다. 그렇게 음료와 떡을 주문해서 먹고 이야기를 나누다 어느 정도 시간이 지나자 모두 자리에서 일어섰다. 그들이 대화하는 한 시간 남짓 다른 손님은 아무도 오지 않았다. 네 사람이 떠나면 또 얼마나 긴 시간 손님을 기다려야 할지 알 수 없었다.

다른 세 사람은 모두 밖으로 나가고 '여기가 교회냐?' 묻던 그 손님이 나에게 "혹시 여기 헌금 봉투 있나요?"하고 묻는다. "왜 그러시냐?"라고 묻자 헌금을 좀 드리고 싶다고 한다. 그러더니 지갑에서 현금을 꺼냈다. 세종대왕이 아니라 신사임당 누님이 계속 나왔다. 무려 10장.

"저… 이게 제가 지금 가진 전부입니다. 헌금해 주세요."

나는 손님께 성함이라도 알려 달라고 했다. 그러자 그 분은 "그냥 죄 많은 성도입니다."라고 했다. 나는 급한 마음에 교회 주보와 내가 쓴 책을 선물로 드리고 기도하겠다고 했다.

그 손님이 나간 뒤 아내와 나는 잠시 생각에 잠겨 있었다. 일면식도 없는 손님이 매장에 왔다가 헌금을 하고 가다니 이게 무슨 일일까 싶었다. 그런데 그 손님이 떠나고 몇 분 뒤에 카페로 전화가 왔다. 그 손님이었다. 그리고 이런 말을 남겼다.

"죄송합니다. 아까 제가 좀 실수를 한 것 같습니다."

잠시 뜸을 들이던 그가 마지막으로 남긴 말에 나는 뒤통수를 맞은 것 같았다.

"헌금을 겸손하게 드려야 하는데, 겸손치 못하게 드린 것 같아 정말 죄송합니다. 교회가 잘 되었으면 합니다."

〈새번역 성경〉 역대하 7장 14절은 "내 이름으로 일컫는 나의 백성이 스스로 겸손해져서, 기도하며 나를 찾고, 악한 길에서 떠나면, 내가 하늘에서 듣고 그 죄를 용서하여 주며, 그 땅을 다시 번영시켜 주겠다"라고 한다. 여기서 '겸손'으로 번역된 히브리어 '카나'는 '정복하다, 굽히다, 낮추다, 복종하다'라는 말의 수동형이다. 그러니까 하나님 앞에 서 있는 것처럼 사람 앞에서 행하는 그 태도가 바로 겸손이다. 이런 자들을 통해 주시는 복은 바로 '땅의 번영'이다. 여기서 땅은 단순한 흙이 아니다. 땅 위에서 살아가는 사람과 밀접한 관계가 있다. 그래서 땅의 회복은 바로 인간의 회복과 치유로 연결할 수 있다. 그리고 '번영'이라는 말의 히브리어 '라파'는 물질과 제도의 '번성'이 아니다. 치료하고 고치고 수선하는 것과 같은 '회복과 치유'를 의미한다. 하나님 앞에서 자신을 내려놓을 줄 아는 자가 바로 반목과 갈등과 누군가의 상처를 고쳐주고 용기를 주는 사람이 될 수 있다는 점이다.

　나는 그가 손님이라서, 혹은 그가 카페 교회에 헌금을 했기 때문이 아니라 헌금 후에 했던 말로 삶의 지혜를 하나 배우게 되었다.

　무언가 나누고 베풀 때, 우리는 얼마나 무례하게 말하고 행동했을까? 그것 때문에 얼마나 우월감을 느끼며 살아왔을까? 겸손치 못한 선행으로 누군가에게 상처를 주지 말아야겠다. 나에게도 언젠가 기회가 된다면, '이것밖에 못 해서, 이것밖에 할 수 없어 죄송합니다.'라고 말하며 그의 곁에 머물러 주는 그리스도의 향기와 편지가 되고 싶다.

박희찬

2001년~2015년 까지 대한민국 육군 군종목사로 복무했다.
현재는 경기떡집 cafe 남양주점 대표이고
남양주 별내들풀교회 담임목사로 섬기고 있다.

뭔지, 먼지

정진호

나 또한 어쩔 수 없었다.

길거리 인형 뽑기 자판기처럼 앞뒤좌우의 어떤 상황에게서 영문도 모른 채 떠밀려 나듯 나 자신도 밀려났다. 나름 기나겼던 십 년의 일상에서 낙오된 것이다. 그렇게 내가 어딘지도 모른 채 떨어진 곳은 나의 근원의 장소였다. 내 존재의 고향과 같은 곳이었다.

구약 성경에 등장하는 인류 최초의 인간은 아담이었다. 인류 최초의 시작을 상징하는 아담 이름의 유래는 '흙(먼지)'이다. 한 사람이 세포로부터 출발하듯, 존재는 덩어리가 아니라 하나의 먼지와 같은 무(無)와 다름없는 유(有)에서 시작되었다. 나는 이 모든 것을 십 년의 일상에서 떠나고 난 뒤 머리로가 아닌 몸으로 절실히 깨달았다. 욥의 인생에 어쩌다 들이닥친 격한 재앙과 주변의 세 친구들의 속 뒤집어 놓는 질문 뒤에 했던 고백처럼 말이다.

> "내가 주께 대하여 귀로 듣기만 하였사오나 이제는 눈으로 주를
>
> 뵈옵나이다 그러므로 내가 스스로 거두어들이고 티끌과 재 가운
>
> 데에서 회개하나이다" (욥 42:5~6)

욥은 재앙으로 여겼던 하나님의 일하심과 친구들의 시대적 세계관, 그리고 자기 자신에 대한 끊임없는 숙고를 거치고 난 후에야 비로소 하나님에 대한, 그분의 섭리에 대한 관점이 이전보다 확장되고 입체적이게 되었다. 소경처럼 제한된 감각에서 한계를 넘어선 감각으로 눈을 뜨니 이전과 다른 창조주가 보였던 것이다. 그렇기 때문에 그는 티끌과 재를 뒤집어쓰고 - 먼지의 존재로서 - 회개했던 것 같다. 욥은 똑같은 존재로서의 욥이었으나 시험(시련)을 거친 후 이전과 같지 않은 욥으로 변했다. 나도 그의 그러한 반열 가운데 놓여진 것만 같았다.

정확히 십 년 전, 나는 십 년 동안의 신학 공부, 신앙 훈련, 부사역자의 과정을 거쳐 소위 말하는 개척 교회를 시작했다. 기대 속의 두려움, 감격의 근간 가운데 염려 등 서로 다른 양가감정들이 물밀듯 몰려왔다가 이내 사라졌다. 목회에 대한 다짐과 계획은 막상 감독의 큐 사인에 머릿속이 하얗게 변해 버린 신인 배우처럼 언제 그랬냐는 듯 점점 더 갈수록 희석되어만 갔다. 하나부터 열까지 처음 계획대로 진행되어 가는 것은 없었고, 시작의 기대처럼 이루어지는 것들도 희박하였다. 하지만 부인할 수 없었던 것은 하루가 지날 때 쯤, 한 주, 한 달, 한 해가 지날 때쯤 지나갔던 시간만큼의 하나님의 인도와 섭리를 확인해 가는 은혜만큼은 누렸다.

만만치 않은 교회 개척의 시작을 여느 사람들처럼 잘 짜진 계획과 준비로 출발하지 못했다. 연거푸 갑자기 중병을 겪으신 부모님 두 분과 생사의 이별을 함으로써 나의 본격적인 사역이 시작되었다. 언젠가 물론 교회를 단독으로 하겠다는 막연한 소명은 있었지만 이러한 상황 속에서 이렇게 시작될 줄은 몰랐다. 그런데 어느새 일은 진행되어 가고 있었다.

믿음, 확신, 용기, 진취성 이런 요소들이 목회를 시작하게 만드는 것이 아니라는 것을 나는 내 사역의 시작을 통해 경험하였다. 오히려 나 같은 경우에는 불신앙, 두려움, 막막함, 준비 부족과 같은 토대 위에서 일이 시작되었다. 내가 확신할 수 있는 것은 얼마 되지 않았고, 나의 부족함 모두는 하나님과 그분께서 작정하신 사람들로 채워져 가고 있었다. 용기와 확신이 없었으나 뜻하지 못했던 동역자들을 보내 주셨고, 공간과 재정은 늘 부족했으나 지금 거처하고 있는 곳을 보라고 말씀해 주셨다.

교육 전도사 시절 제자였던 청년, 지인의 절친이었지만 오랫동안 가나안 성도였던 남자 성도, 그리고 지금까지 관계하고 후원했던 서남아 지역 선교사 가정. 이렇게 우리는 성탄절을 한 달 앞둔 11월 어느 날 도시에서 심히 떨어진 광야와 같은 조립식 우리집에서 교회를 시작했다. 하지만 이 모임과 예배는 오래가지 못했다. 세 들어 살고 있던 그 공간에서의 우리의 조심스런 예배와 찬송 소리는 불신자 주인의 눈살을 찌뿌리게 하기에 충분했던 모양이다.

그렇게 지인의 학원, 사진관 등을 거쳐 나는 1년여 방랑의 교회 생활을 하다가 반 전세의 19평의 교회 공간을 얻어 본격적인 교회 공동체를 시작하게 되었다.

교회를 십 년 경험해보니, 교회도 사람의 모임인지라 생존에 있어서는 자영업자, 관계에 있어서는 결혼의 모습과 많은 부분

일치해 보였다. 재정적 자립을 하지 못하면 2년 안에 10개의 교회 중 7곳, 5년 안에는 10개 중 9곳이 문을 닫는다는 주변 선배들의 말이 뼈저리게 다가왔다. 관계에 있어서는 결혼의 기대처럼 교회 개척을 시작했다가 혼동 속에 연애의 감정이 사그라들 때 쯤 아이의 탄생처럼 공간이 생기고 사람이 늘지만, 그 공간에서 새로운 사람들과의 갈등도 햇수 만큼 증가하는 것도 사실이었다.

교회 공동체를 개척하게 되면 누가 가장 특혜를 받게 될까? 나의 개인적인 경험에 비추어 보면 목회자 자신이 가장 큰 혜택을 받는다. 가장 사랑하고 가장 고민하는 사람이 가장 성장하고 가장 성숙하게 된다. 그래서 인간이 되려면 사역자는 개척의 축복을 누려 봐야 한다고 생각한다. 왜 '축복'이라고 지칭하는가? 그것은 아무나 할 수 없기 때문이다. 올림픽 은메달 백 개가 금메달 하나를 못 넘어서듯, 부사역자의 어떤 상황도 담임 목회 특히 개척목회의 상황을 넘어서기는 힘들다. 기대하는 것들을 배우고 얻는 것이 아니라, 기대할 수 없고 기대되지 않는 것에서 가르침을 받고 은혜를 경험한다. 책임감과 사랑, 섬김과 이해가 하루가 다르게 깊어진다. 어제보다 오늘 더 진중해지고 넓어지고 깊어진다. 익어져 가는 것 같은 나날을 보내게 된다. 눈물은 많아지게 되고, 한숨은 늘어가며, 자신감보다는 믿음을 더욱 붙잡게 되는 하루하루를 겪는다. 그렇게 해서 얻어지는 것은 눈빛이 부드러워지는 것이며, 사람에 대한 이해가 생겨 설교가 무르익게 되는 것이다.

목회 십 년 동안 시간이 갈수록 나는 그분의 은혜 속에서 용기를 잃었다. 신학교 시절 사역의 초기에는 왕궁의 모세와 같았다. 그러나 개척 목회 기간에는 애굽을 떠난 모세와 같았다. 비전이 흐려지다 못해 상실되었고 하루가 어떻게 지나는지도 모른 채 시간은 흘러만 갔다.

기쁨과 갈등, 소망과 한계 사이에서 목회의 시간은 잘도 흘러갔다. 수많은 부사역자들이 거쳐갔고, 성도들이 지나갔고, 경험들이 추억이 되어 공동체를 만들어갔다. 완벽하지는 않았지만 우리의 형편보다 많은 선교 헌금을 흘려보내기도 했고, 신학생들을 장학금으로 돕기도 했으며, 선교 사역도 펼쳤다. 주변의 염려와 기도 속에 개척 교회로서 10년을 맞이하는 영광도 누리게 되었다. 개척 시작보다도 단단한 관계의 성도도 생겼고, 노하우도 쌓이고, 재정적 뒷받침도 얻었다. 그러나 영혼은 지쳐만 갔다. 끊임없는 정체성에 대한 혼란이 잠재워지지 않았다. 힘겨움도 어려움도 관성의 법칙에 익숙하게 되는 것일까?

그런 가운데 코로나19의 상황은 모든 것을 한 순간에 180도 바꾸어 버렸다. 모임도, 관계도, 상황도, 나 자신도 말이다. 정부의 방역에 호응하는 것을 우리 공동체는 신앙의 근거로 삼았다. 예배를 중시하는 것이 정부의 요구를 듣는 것보다 가치 있다고 여기는 교회들의 모습에 우리는 다른 가치관으로 우리의 신앙을 표현하였다. 그런데 그러한 방침에 충실하면 할수록 작은 공동체에 주어지는 타격은 생각보다 컸다. 상상보다 힘들었다. 결국 우리는 이전보다 더 소원해졌고, 더 조심스러워졌으며, 더 멀어졌다. 모임을 제한했던 정부를 원망하는 것이 아니다. 뜻하지 않았던 상황에 대응했던 우리의 미숙함을 탓하는 것도 아니다. 하나님의 도우심을 불신했던 것은 더더욱 아니다. 그저 우리 모임의 마침점이, 우리의 공식적 관계가 여기까지인가 보다 여겨졌다. 그리고 우리는 정확히 개척 10년이 되는 2020년 11월 마지막 째 주에 마지막 예배를 드리고 흩어졌다.

기독교 최고의 성일 중 하나인 성탄절을 앞둔 2020년의 12월은 정서적으로나 재정적으로나 가장 추웠던 겨울로 여겨진다. 준비하지 못하고 시작한 교회 개척처럼 나는 준비하지 못한 채로 교회 문을 닫았다. 아무 것도 남아있지 않고 아무런 것도 할 수 없는 채 말이다. 그렇게 겨울을 보내고 봄을 맞으니 세상이 무서워졌고 인생이 한스러워지기만 했다. 40대 말의 목회자를 어느 교회가 받아줄 수 있겠으며 평생을 사역자로만 지낸 이가 무슨 커리어로 세상 속에 일자리를 찾을 수 있을까? 누구에게는 희망차고 따뜻했던 봄날에 나는 누구보다 암울하고 절망적인 하루하루를 보냈다. 끝도 없는 터널과 낭떨어지로 떨어지는 것만 같은 감정 속에, 몸과 마음은 갈수록 피폐해져 가기만 했다.

집에 빚은 늘어만 갔고, 더 이상 어쩔 도리 없이 나는 공사판에 내 몸을 맡기기로 했다. 어쩔 수 없었다. 무엇을 선택할 권한이 놓여 있지 않았다. 세상 그 누구도 나를 환영하거나 받아 주는 곳이 없었다. 걱정과 기도의 조언들은 있었지만 나의 정서, 아니 나의 몸을 배부르게 해주거나 따뜻하게 해줄 수 있는 상황만큼은 마련되지 못했다.

집에서 멀리 떨어진 곳에서 지금은 합숙을 하며 건축 공사 현장에서 조공(기술자를 돕는 일을 하는 사람)의 일을 하고 있다. 나는 더 이상 목사로서 글을 쓰고, 설교를 하고, 사람들을 상담하며, 교회를 세우는 사람이 아니다. 이른 아침부터 졸린 눈을 부비고 일어나 공사장으로 동료들과 함께 출근하여 현장 경력 막내로 커피를 타고, 필요를 돕고, 물건을 나르고, 물건을 정리하고, 청소하는 역할자로 살고 있다. 단 한 순간의 실수와 방심으로 목숨을 잃을 수도 있는 위험천만한 상황 속에서, 흙먼지를 마시며 땅바닥에서 점심 한 끼를 동네 중국집 단골 메뉴로 때우는 사람으로 산다.

건축 현장은 곳곳에 불꽃이 튀며, 전동 공구들의 소리와 소음으로 가득하기만 하다. 그 가운데 먼지 속에서 수많은 사람들은 묵묵히 자기의 역할을 일사분란하게 감당하고 있다. 그 속에 나도 그들에게 있어 먼지같이 아주 작은 존재로 내 역할을 충실하게 행하고자 애쓴다. 일의 미숙함과 신체의 고통 속에서 긴장되며 내일을 알 수 없는 답답함 속에 오늘도 해답 없는 일상의 하루를 이를 악물고 버티고 있다. 이러지도 저러지도 못하며, 여기저기에 떠밀리면서 말이다. 얼마 전, 오전 중 작업으로 허기진 배를 채우려 함바집(건설현장 밥집)에서 부리나케 식사를 하고 화장실에 잠깐 들렸을 때, 앞에 이런 글이 붙어 있었다.

"세상에 태어나서 먼지 섞인 공기 한번 안마시고 살아가는 사람이 어디 있어. 나만 아픈 게 아니라 모두들 참고 사는 거야."

글을 보자 서러움에 나도 모르게 눈물이 났다. 세상에서 또는 일상에서 가장 더러울지 모를 그곳에서 나는 지극한 일상의 언어로 하늘의 음성을 들었다. 먼지에 둘러싸여 참으로 사소한 일을 하고 있는 나는 하나님이 창조하신 본연인 '먼지' 자체였던 것이다. 태초 때 존재의 정체성을 뜻하지 않았던 곳에서 몸소 깨닫게 되었다.

팀장님이 오후에는 지하에 지저분한 것들을 줍고 청소하라고 지시하셨다. 바닥을 치우고 쓸고 하면서 또다시 먼지가 하염없이 공간에 가득 찼다. 내가 작업하던 그 지하에 빛은 깊게 조용히 드리워지고 있었다. 먼지는 그 빛을 흠뻑 맞으며 여기저기로 흩날렸다. 청소하던 허리를 펴고 고개를 들었다. 깊은 어둠 속에 빛이 보이니 먼지는 그게 그저 희망이었다.

정진호
햇불트리니티신학대학원을 졸업했다.
십 년의 단독목회를 끝으로 지금은 생계 일자리를 찾아
열심히 고군분투하고 있다.

체인점이 아닌 본점

김수민

종종 인터넷으로 예전 음악 경연 프로에 나왔던 TV 속 참가자
들의 영상을 다시 찾아볼 때가 있다. 다시 보는 이유는 그들의
노래를 듣기 위함이 아니다. 그보다 어디선가 갑작스레 툭 튀
어나온 듯한 난생 처음 보는 참가자들이 자신의 음악과 실력을
당당히 내보일 때, 놀라는 심사 위원들의 표정과 반응 때문이
었다.

　우리 집에는 TV가 없다. 결혼할 때부터 우리 가정은 TV를
놓지 않았다. 그럼에도 내가 인터넷으로 꼭 챙겨보려는 TV프
로그램이 있는데, 그건 '생활의 달인'이라는 프로그램이다. 전
국 방방곡곡 숨어 있는 달인들을 찾아 소개하는 프로그램인데

여기 나오는 주인공들은 모두 체인점이 아닌 본점으로 운영하는 동네의 크고 작은 가게들이다. (본래 이 프로는 다양한 분야의 달인들을 소개했는데, 어느 순간 음식점 소개하는 프로가 되어버린 것 같아 조금 아쉽긴 하다.) 그 달인들은 애초부터 누군가에게 스포트라이트를 받기 위해 하는 것이 아닌 맡겨진 자리에서 오늘도 '내가 못 먹는 음식은 남도 못 먹는다'는 철칙을 지키며 일한다. 그리고 묵묵히 자신만의 방식을 고수하며 고집스럽게 음식을 만든다. 자신만의 색깔로 맛스럽게 또 멋스럽게 음식을 만들어 내는 분들의 수고가 참 대단해 보인다.

우리는 모두 하나님의 형상대로 지음을 받았다. 그 의미가 뭘까? 본래 하나님은 우리가 셀 수 없고 명확하게 규정할 수 없는 전능하신 분이다. '도망자' 모세가 장차 이스라엘 백성을 출애굽 할 '지도자'가 되기에 앞서 그는 하나님의 이름을 물었다. 그 때 하나님은 '나는 스스로 있는 자'(출 3:14)라 말씀하신다. 영어로는 'I am that I am', 곧 '나는 나다'라고 말씀하셨는데, 하나님은 어느 형태로 규정하거나 정의 내릴 수 없는 분이라는 의미가 아닐까 싶다.

이런 의미에서 인간이 하나님 형상대로 지음 받았다는 건 어떤 생김새를 의미하지는 않는다. 그보다 하나님과 같이 이 땅에 사는 그 누구의 인생도 무 자르듯 정확히 잘 살고 못 살고를 규정하거나 정의 내릴 수 없다는 의미라고 생각한다. 그건 하나님이 우리 개개인을 체인점이 아닌 본점으로 세우셨다는 것이다. 누굴 따라가거나 모방하는 삶이 아닌 내 인생 자체로 작가이신 하나님께서 지금도 유일하고도 빛나게 세워나가고 있는 중이라는 뜻이다. 어떤 모범 답안이 있는 길이 아니기에, 때론 길이 보이지 않고 다른 사람은 한 번도 가보지 않은 길을 걸어가기도 한다. 그리고 대부분 그 길은 피하고 싶고 가기 싫은 힘든 길이며 어려운 길이다. '이렇게 인생을 사는 게 정말 맞나?', '지금 이 고난에 끝이 있을까?'싶을 정도의 벼랑 끝 인생으로 몰아 내쳐진다. 어느 목사님이 언젠가 설교 중에 하셨던 말씀이 기억난다.

"누구나 인생을 살다보면 터널을 만날 때가 있습니다. 그런데 누가 그러더군요. 그 어두컴컴한 터널을 지나가더라도 절대 낙심하지 말라고. 언젠가는 빛을 보는 날이 올 거라고. 그러니 희망을 가지라고…. 그런데 이게 웬 걸? 우리 모두 알다시피 길을 가다보면 터널이 한 번만 나오던가요? 고속도로만 타 봐도 금세 압니다. 우리는 수없이 많은 터널들을 만납니다. 만나고 또 만나고…. 터널 한 번 통과할 때만으로 인생은 끝없는 행복이고 기쁨이라 말할 수 없더군요."

우리는(신앙인이든 자연인이든) 많은 사람들에게 '간증'(때로 성공한 이야기)하고 싶은 욕구와 갈망이 있다. 그래서 이 땅에서 믿음으로 '한방'을 노리는 신앙인들도 주변에서 꽤 많이 본다. 하지만 돌아오는 건 그 누구에게도 쉽게 말하지 못할 실패와 좌절로 이어지는 삶의 절망 뿐이다. 그런데 그건 실패가 아니라 다른 인생일 뿐이다. 누구도 그 삶에 실패라고 낙인찍을 수 없다. 왜냐하면 하나님 앞에 우리의 인생 식당은 모두가 체인점이 아닌 본점이기 때문이다.

때로 본점이 잘되면 체인점이 나오기도 한다. 재료 손질의 비법, 비밀 소스, 숙성 시간과 재료 등을 가지고 창업을 한다. 그러나 인생은 그렇지 않다. 확실한 비법과 정답을 가지고 따라가는 인생이 아닌, 결국 하나님께서 내게 걸어가게 하신 나만의 인생길을 가야 한다.

이런 면에서 스탠리 하우어워스의 자서전 『한나의 아이』에 나오는 그의 그리스도인으로서의 덤덤한 삶의 고백은 우리의 내면을 충분히 울리고도 남는다.

"내가 볼 때 그리스도인으로 사는 것은 답 없이 사는 법을 배우는 과정이다. 이렇게 사는 법을 배울 때 그리스도인으로 사는 것은 너무나 멋진 일이 된다. 신앙은 답을 모른 채 계속 나아가는 법을 배우는 일이다. 문제를 지나치게 단순화 시킨 것이긴 하지만, 적어도 이런 주장은 그리스도인으로 사는 것이 내게 지독히도 흥미진진하게 다가오는 이유를 이해하게 해준다."[1]

답이 없는 그 길을 걸어가는 것이 진짜 내게 흥미진진할 수 있다고? 아마 어느 누구도 처음부터 쉽게 이해하거나 받아들이지 못할 것이다.

이 글이 너무 인상적이고 도전이 되던 때, 한번은 이전에 사역하던 교회에서 수요 예배 설교 때 위 내용을 언급했다. 그리고 예배 후 한 권사님은 내용이 너무 와닿았다며 자신도 답이 없는 인생을 살아가겠노라 결심하셨단다. 권사님에게 그 결심은 집 근처에 자신이 더 필요로 한 작은 교회에 가서 섬기시겠다는 결심이었다. 본래 1시간이 넘는 거리를 매주 집에서 교회로 예배를 드리러 오고 가셨는데 이번에 마음의 작정을 하신 것이다.

---

1 스탠리 하우어워스, 『한나의 아이』 (서울: IVP, 2016), 375.

그로부터 몇 년 후 우리 가정에 아이가 태어나고 아내와 함께 양육하기 위해 나는 교회 사역을 잠시 내려놓았다. 그리고 사역자가 아닌 성도로 주일에 예배할 곳을 찾다가 집 근처 어느 한 교회를 우연히 방문했다. 그런데 거기서 주일 예배 대표 기도를 하시는 그 권사님을 뵈었다. 너무 깜짝 놀랐다. 그러면서 동시에 그 때 권사님이 하셨던 말씀이 다시금 떠올랐다. 그 설교를 했던 나 역시 어느 누구도 가보지 않은 길을 가겠다고 말하며 지금 사역을 잠시 내려놓는 길을 택했다. 하지만 실제 육아를 하며 여러 가지 현실적인 고민으로 조금 외로웠던 것도 사실이다. 그런데 낙심해 있던 그 순간 생각지도 않게 그 교회에서 기도하시던 권사님의 모습을 뵈며 다시금 힘을 낼 수 있었다.

하나님을 믿는 사람으로 우리는 우리가 걸어가는 인생의 행복은 재물의 축적과 비례하지 않는다고 믿는다. 또 그것으로 성공과 실패를 기준 삼지도 않는다. 무엇보다 우리에게는 지금 예수 그리스도라는 그 보화(고후 4:7)가 내 삶에 있음을 아는가의 문제다. 나는 지금도 내 자신에게 끊임없이 질문들을 던진다.

'나는 하나님 앞에서 체인점이 아닌 본점이라는 사실을 믿는가?'

'힘들다 여겨지는 지금 이 순간에도 나는 하나님이 인도하고 계심을 정말 아는가?'

'그리스도인으로 성공한 삶이란 무엇일까?'

글의 서두에서 말한 경연 프로그램 참가자들의 모습을 보면서 한 심사 위원이 했던 말이 지금도 가슴에 남는다.

"그 노래의 원곡자를 따라 부르려 하거나 노래 부른 그 가수가 생각나는 게 아니라 원래 참가자 본인의 노래 같았어요. 자기 목소리로 덤덤하게 부르는 게 너무 좋았습니다."

그 말을 들으며 문득 그런 생각을 했다. 누군가 나의 진가를 알아보고 인정해 줄 때는 내가 체인점이 아닌 본점으로 살아갈 때라고….

때로 배우나 가수들이 시상식 자리에서 하나님의 영광을 외치며 감사해 하는 그 모습을 보면 나도 저렇게 되고 싶은 동경에 빠진다. 그러나 하나님은 그런 자리나 상황으로만 영광 받으시지 않는다. 스스로는 아무것도 아닌 것 같아 보여 자책하고 한숨 쉬며 지냈던 그 시간을 버티고 견디면서 살아온 모습에도 하나님은 이미 일하고 계셨다. 그리고 그 자리와 시간을 지나온 것만으로도 충분히 하나님은 영광 받으신다고 믿는다.

　여기서 가장 중요한 건 내가 나의 이러한 현실을 인정하고 받아들이느냐인 것 같다. 시간이 흐를수록 사람들의 인정보다 하나님 앞에서 지금의 내 모습을 해석하고 받아들이는 것이 얼마나 중요한지 가슴 시리도록 새겨 본다. 그럼에도 끊임없이 사람들의 인정에 목말라 하는 내 모습을 지금도 종종 본다. 하지만 그걸로 내 마음이 만족된 적은 한 번도 없다. 그런데 왜 그렇게 거기에 목숨을 거는 걸까?

　대부분 사람들에게 성공이란, 많은 이들에게 인정받고 높이 평가받는 것이다. 그렇다면, 나를 우러러 보거나 어떤 힘을 갖는 사람이 되는 것이 성공인가? 경연 프로그램에서 우승한 사람이 인생에서 계속 성공하라는 법은 없다. 하지만 결국 자신의 음악 그리고 자신이 만든 음식을 사랑하고 그 길을 묵묵히 가는 사람은 성공이 아닌 다른 길을 간다. 그건 성공을 정의하는 기준이 애초부터 다르기 때문 아닐까? 이런 면에서 기독교인의 성공에 대한 피터 스카지로 목사님의 정의는 귀담아 들을 필요가 있다.

　"성공은 하나님이 원하시는 사람이 되어 하나님이 원하시는 일을 하나님의 뜻과 시간표대로 하는 것이다."[2]

본래 우리는 성공하기 위한 인생이 아닌 하나님과 동행하는 삶을 살기 위해 지음 받은 존재 아니었던가? 결국 우리의 인생은 다른 누군가에게 보여주기 위함이 아닌 하나님 앞에서 내 모습을 비춰보고 그 관계로 연결된 삶을 살아감이 평생의 이유이자 목적 아닐까?

여전히 이 땅에 보이지 않게 체인점이 아닌 본점으로 살아가는 그리스도인들이 있다. 또 하나님의 형상대로 지음 받은 고유한 나만의 색깔들이 다 있다. 나와는 전혀 다른 색깔로 지음 받은 하나님의 사람들이 있다는 사실을 잊지 말아야겠다. 그 누구도 가보지 않은 나의 인생을 인정함과 동시에 다른 사람의 인생역시 인정해 주어야겠다. 나만이 낼 수 있는 고유한 맛, 고유한색깔은 무엇인가? 맛을 잃은 소금이 되고 싶지 않다.

진정 내 안에 예수 그리스도라는 보화를 발견한 자의 넉넉함으로 이 세상을 살아가고 싶다. 그리고 체인점이 아닌 본점으로운영되는 내 인생 식당에서 조미료나 불순물을 첨가하지 않고나도 먹고 남도 먹일 수 있는 그런 식당(목회)을 앞으로 운영(목

---

2   피터 스카지로, 『정서적으로 건강한 제자』(서울: 두란노, 2021), 128.

양)해 나가는 요리사(목회자)가 되고 싶다. 그리스도인으로서 나의 정체성과 본연의 맛을 기억하며 오늘도 나에게 주어진 이 자리를 묵묵히 지키며 살아간다.

김수민

감리교신학대학교 및 동대학원을 졸업한
기독교대한감리회 목사다.
만나교회를 거쳐 현재 열림교회 부목사로 사역중이다.

몸은 편했지만, 마음은 불편했다

박명수

2020년 3월 8일. 첫 비대면 예배를 드렸다. 교회에는 실시간 영상 예배 시스템이 없었다. 주일 오전 9시에 먼저 예배를 드리고 실황을 녹화했다. 나와 아내, 청년부 사역자와 예배 스텝 3명, 장로님 3명, 총 9명이 예배 했다. 예배 순서도 간소하게 변경하고, 설교자를 제외한 모두가 마스크를 쓰고 진행했다.

비대면 예배를 준비하는 교회도 당황했지만 성도들도 당황했다. 예수님 믿고 나서 주일은 한 번도 빠지지 않던 분들도 주일 오전 11시에 모니터 앞에 앉아 있어야 했다. 당연하게 생각했던 대면 예배가 막혔다. 당연하게 생각했던 찬양이 사라졌다. 괜히 마음 한편이 비장해졌다. 당시에는 신천지로 인해 교회까지 사회적 시선이 좋지 않았음에도 정부 지침도 명확하지 않아서 여전히 대면 예배를 드리는 교회도 많았다. 그러다 보니 우리 교회는 청장년 출석 교인 60명 정도의 교회였지만 '한국 교회 신뢰성 회복'이라는 거창한 사명감까지 짊어지고 온라인 예배를 드렸다. 가정에서 예배하는 성도들도 긴장감을 가지고 예배를 준비했다. 옷도 단정히 입고, 예배 상도 미리 준비하고. 어쩔 수 없이 드리는 비대면 예배지만, 마음만은 대면 예배와 크게 다르지 않았다.

주일 오전 9시. 장로님들과 함께 비장한 마음으로 예배를 드리며 실황을 녹화했다. 그 비장한 마음이 분주한 마음으로 변하기까지 30분이면 충분했다.

"목사님, 유튜브에 영상이 올라가지 않아요!"

예배를 마친 시간은 10시. 촬영한 영상은 간단한 편집이 필요했다. 편집이 끝나니 10시 20분. 성도들에게 영상을 올리겠다고 약속한 시간은 10시 45분이다. 한 시간짜리 영상은 유튜브에 쉽게 올라가지 않았다. 결국 그 다음 주부터 30분 당겨 예배를 드렸다. 여전히 예배 후는 전쟁이었다. 어느새 예배를 향한 간절함은 사라지고 영상이 무사히 올라가길 바라는 간절함만 남았다. 영상을 올린 후에도 긴장은 계속되었다. 예배 화면은 괜찮은지, 소리는 괜찮은지. 이제 비대면 예배는 비장함보다 분주함으로 가득했다.

비대면 예배를 시작한지 3주. 한 성도의 고백이다.

"목사님, 가족들의 예배 복장이 점점 편하게 변하고 있어요."

일찍 서둘러 교회 오던 시간은 좀 더 자는 시간으로 바뀌었다. 11시에 맞춰 간신히 이불 밖으로 나와 예배하는 자녀들도 많았다. 예배가 마칠 때쯤 틈틈이 점심 식사를 준비하는 주부들도 있었다고 한다. 주일에 모이지 않는 어색함은 있었지만, 점점 비대면 예배에 익숙해지기 시작했다. 간절한 마음으로 드리던 비대면 예배가 간신히 드리는 예배로 바뀌었다.

"목사님, 우리 애들은 온라인 예배가 편하데요. 계속 온라인 예배를 드렸으면 좋겠다고 말해요."

걱정 섞인 집사님의 이야기는 그분만의 고민이 아니다. 2020년 3월에 시작한 온라인 예배가 부활절까지 계속 되더니, 4월이 끝날 때까지 모일 수 없었다. 그즈음 많은 분들이 솔직한 마음을 나누어 주셨다.

"목사님, 대면 예배를 드리지 못하는 것이 아쉽기는 해요. 그러나 솔직히 비대면 예배가 편한 것은 사실이에요."

점점 편안함에 익숙해지기 시작했다. 비대면 예배에 익숙해지는 성도들을 보면서 복잡한 마음이 들었다. 어느 정도 예상했던 일이지만 막상 현실을 마주하기는 쉽지 않았다. 한참 뜨겁던 소그룹 모임의 열기가 식어 버릴까봐 불안했다. 교회 처음 나와 하나님을 알아가던 새신자도 걱정이 되었다. 복음의 기초를 다시 세워가던 청년들의 성장이 멈출까봐 염려되었다. 이 모든 걱정 속에는 코로나 사태 속에서 '내 목회 점수'가 드러날까봐 두려워하는 마음이 있었다.

2016년 8월에 지금 섬기는 교회에 담임 목사가 되었다. 4년의 시간을 보내면서 폭발적인 성장은 없었지만 3년째부터는 새신자와 새가족이 등록하고 정착하기 시작했다. 성도들의 믿음과 삶도 눈의 띄게 달라졌다. 부모님들은 자녀들이 달라졌다고 말하고, 자녀들도 부모님들이 변했다고 말했다. 성도들도 나도 함께 성장하고 있었다.

그런데 코로나 사태로 성도들의 믿음이 흔들려 버리면 그 모든 변화가 '일시적 현상'으로 평가 될 것 같았다. 나의 목회가 '열매가 없는 목회'로 평가 받을 것 같은 불안감이 들었다. 무엇보다 그동안 삶이 달라지고 믿음이 성장하던 성도들의 변화가 주춤하게 될까봐 두려웠다. 흔들리는 그들의 모습이 '내 목회 점수'인 것 같아 불안했다.

지금 생각해보면 그렇게 두려워 할 일이 아니었다. 사람은 원래 몸 편한 일에는 쉽게 익숙해진다. 앉으면 누우려 하고 누우면 자려고 한다. 편안함에 쉽게 물든다. 사람에게 좋은 습관이 정착되려면 21일이 필요하다고 한다. 전문가들의 말이니 일리가 있을 것이다. 그러나 이 연구 결과를 매번 부정하는 사람들이 있다. 전역해서 민간인이 된 군인들이다. 매일 아침 기상나팔 소리를 듣고 일어나는 군인들. 최소 1년 6개월을 규칙적인 생활을 했다. 일찍 자고 일찍 일어나는 새 나라의 착한 군인들이다. 그 생활은 전역하고 일주일을 채 넘기지 못한다. 정확한 시간에 깨어나던 새 나라의 군인은 사라지고, 아무리 깨워도 일어나지 않는 골치 덩어리 아들만 남았다. 몸은 편한 것에 금방 익숙해지기 때문이다.

무엇보다 몸 편하게 예배 드리려는 선택을 딱히 틀렸다고 말할 수 없다. 예전에 바닥에 앉아서 예배 하다가 이제는 장의자에 앉아서 예배한다. 영적인 의미가 있어서 그런 것이 아니다. 더 편해서 그렇다. 가능하면 좋은 음향 시스템, 좋은 건물에서 예배드리려고 한다. 마이크가 좋아지면 영성이 올라가는 것이 아니다. 더 편하게 말할 수 있고, 더 편하게 들을 수 있기 때문이다. 좋은 건물을 원하는 이유도 하나님이 좋아하시기 때문이 아니다. 성도들이 더 편하게 예배할 수 있기 때문이다. 몸 편한 선택이 틀린 선택이 아니다. 그러면 몸 편하게 비대면 예배를 드리는 것은 무슨 문제가 있을까? 몸 편한 선택이 틀린 선택이 아닌데, 왜 내 마음의 불편함은 해결되지 않을까? 비대면 예배는 몸 편함의 문제가 아니기 때문이다.

　2020년 3월 1일. 주일 예배 후 장로님들과 급하게 모여 회의를 했다. 주제는 '어떻게 하면 몸 편하게 예배드릴까?' 그것이 아니었다. '코로나19 바이러스 확산을 막고, 지역 사회에 신뢰를 주는 교회의 모습이 되기 위해서 어떻게 해야 할까?'이것이 주제였다. 회의 끝에 비대면 예배를 결정했다. 모두가 굳은 표정으로 한 결정이다. '이제 편하게 예배드릴 수 있다'며 기쁘게 한 선택이 아니다. 담임 목사인 나는 결정을 하고서도 '이것이 옳은 선택일까?'라는 갈등이 계속 될 정도로 어려운 결정이었다.

　첫 아이가 태어나면 아이를 데리고 자모실로 들어간다. 예배실과 방음 유리로 분리된 공간. 칭얼거리는 아이들, 달래는 엄마들, 예배 집중하기 힘든 곳이다. 그 공간을 좋아서 들어가는 사람은 없다. 아이는 돌봐야 하고, 그래도 예배는 포기할 수 없고, 어쩔 수 없는 선택으로 들어간다. 예배를 포기할 수 없어 들어갔는데, 예배에 집중하기 힘들다. 대표 기도 시간에도 눈을 감을 수가 없다. 목사님 말씀보다 아이들 소리가 먼저 들린다. 나중에는 다른 예배 순서는 모르겠고, 설교만이라도 편하게 듣고 싶다는 생각이 든다. 그렇게 점점 산만한 예배에 익숙해진다. 그때부터 방음 유리는 아이들 우는 소리 차단용을 넘어 새로운 효과가 생긴다. 내 모습 가림 효과다. 부모들끼리 작게 나누는 대화도 막아 준다. 예배 중에 부스럭거리는 나의 움직임도 가려 준다. 방음 유리는 나도 모르게 산만해진 내 마음을 가려 주는 가림막이 된다. 예배를 포기할 수 없어 어쩔 수 없이 선택한 자모실이 예배를 방해하는 요소가 되어 버렸다.

하나님과 멀어진 아담은 '동산 나무' 뒤에 숨는다. 하나님이 허락하신 에덴동산. 아담과 하와는 그 동산에 있는 모든 것을 통해 하나님을 높일 수 있었다. 그런데 아담은 '동산 나무'를 하나님과 거리 두는 용도로 썼다. 사람들은 자기도 모르게 '동산 나무' 뒤에 숨어 하나님과 멀어질 때가 있다. 어떤 이들에게는 자모실 방음 유리가 '동산 나무'가 된다. 그래서 하나님께로 다가가려는 성도들은 아이들이 크자마자 자모실에서 탈출한다. 산만함에 익숙해져 버린 마음에서 탈출한다. 어쩌면 우리에게 비대면 예배가 '동산 나무'가 될 수 있다. 하나님께 나가기 부담스러운 상황을 교묘하게 숨겨준다. '어디서든 예배 할 수 있으니, 아무데서나 예배할게요.' 그러면서 하나님과 점점 멀어진다.

우리는 비대면 예배가 우리 신앙에 도움이 되기 때문에 선택한 것이 아니다. 어쩔 수 없는 상황에 아픈 마음으로 선택했다. 몸이 편하고자 한 선택이 아니다. 모이지 못해도 예배는 포기할 수 없어서 선택했다.

　5월 3일. 2달간의 비대면 예배를 끝내고, 첫 대면 예배를 드렸다. 평소 출석 인원보다 더 많은 이들이 예배 드렸다. 가끔 결석하던 지체들까지 빠짐없이 나왔고, 심지어 그날 새 가족까지 등록했다. 비대면 자리가 내 자리가 아님을 알고 있었기 때문이다. 몸은 편안함에 익숙해지고 있었지만 그럴수록 마음은 더 불편했던 것이다. 대면 예배를 다시 드리던 그날, 우리는 모두 눈물로 예배했다. 그날 우리의 예배는 마냥 행복했다. 드디어 내 자리를 찾았다.

박명수

성도들 삶을 이해하기 위해 책을 읽는다.
하나님 마음을 잘 표현하기 위해 글을 쓴다.
그렇게 장안동 사랑의교회에서 목회하고 있다.
「하나님 순종이 어려워요」, 「하나님 대답을 듣고 싶어요」 저자

나의 고향, 그 교회 이야기

이혜정

유년 시절, 나의 12월은 늘 특별했다. 크리스마스를 맞이하는 설레임으로 가득했기 때문이다. 12월이 되면 성탄 축하 준비를 위해 모두가 교회에 옹기종기 모여 분주해지기 시작했다. 연습이 한창일 때면 어김없이 군고구마와 찐빵 등 각종 간식이 즐거움을 배가시켰다. 크리스마스이브에는 전 성도가 교회에 모여 그야말로 경건한 축제의 한마당을 즐기며 성탄의 의미와 기쁨을 나누었다. 자정이 되면 떡국 한 그릇씩 들이켜 뱃속을 뜨끈하게 데우고, 뼛속까지 스미는 매서운 시골 추위를 뚫고 밤새 새벽송을 돌았다. 새벽녘이 되어 온몸이 꽁꽁 얼만 하면, 대문을 활짝 열고 대원들을 집 안으로 들여 떡 만둣국을 끓여 주시던 장로님 댁은 결코 잊지 못한다.

초등학교 6학년 때는 상급 학교 진학을 위해 평택 시내로 통학을 했다. 하교 후 심하게 덜컹거리는 비포장도로를 한참 달려 얕은 야산을 돌아 우리 동네로 들어서면, 그 어귀에 고요한 자태로 나를 맞이하던 고향 교회! 볼 때마다 아련하게 가슴이 두근거리고 평온함을 주었다. "성곡 교회", 나의 고향 교회 이름이다.

경기도 평택군 팽성읍 두정2리 155번지! 나의 고향이다. 평택에서도 한참을 시골로 들어가야 했기에 6·25때 공비도 들어오지 않았다는 깡 시골이다. 보이는 것이라고는 아스라이 먼 산과 끝없이 펼쳐진 논뿐이었다. 너무 시골이라 내가 태어나기 전에는 교회가 없었다. 신앙심이 깊었던 나의 친할머니와 마을 몇몇 성도만이 수십 리를 걸어 먼 동네로 예배를 드리러 다니셨다. 그러다 의기투합하셔서 우리 동네에 천막 교회를 개척하셨다. 크게 농사짓는 골짜기라는 '대농곡'(마을 이름)을 거룩한 골짜기로 만든다는 비전으로 '성곡'이라 이름을 지었단다. 이 교회가 점점 커져서 내가 어릴 적엔 제법 그럴 듯한 규모의 교회가 되어 있었다.

할머니는 개척 멤버로서 가난한 목회자 가정을 잘 섬기셨다. 매일 새벽기도 후에는, 사택의 쌀독을 살피시고 비워져 있으면 채워놓는 것이 첫 일과였다. 출가한 딸들이 와서 용돈이라도 주면 꾸깃꾸깃 잘 모아 놓으셨다가 사모님 손에 꼭 쥐어 주시곤 하셨다. 당시 둘씩 다니시던 순회 전도자들이 마을에 오면, 할머니는 늘상 우리 집에서 묵게 하셨다. 낯선 어른들과 반가이 대화하시고 섬기시던 할머니의 모습이 빛바랜 사진처럼 어렴풋이 떠오른다.

어릴 적 나는 할머니와 한방을 썼다. 연세 드신 할머니는 눈이 어두워지셔서 성경을 읽지 못하셨다. 글을 깨치면서 나는 할머니께 성경을 읽어드리곤 했다. 지금도 쉽지 않은 성경이 그땐 그저 어렵고 지루하기만 했다. 그렇게 할머니 덕에 어거지로 1독을 했다. 담임 목사님이 이 사실을 아시고, 크게 칭찬하시며 가죽 성경을 상으로 주신 일은 뿌듯한 추억으로 남아 있다. 돌아가시기 며칠 전까지도 나는 할머니와 한 방에서 찬송을 불렀다. "만세 반석 열리니 내가 들어갑니다"는 할머니의 18번이었다.

이렇게 늘 교회와 목회자, 전도자들까지 섬기던 나의 할머니 '정덕성'권사는 내 나이 12살 때, 81세의 나이로 천국에 가셨다. 교회장으로 주일 날 치러진 할머니의 관은 흰 국화로 가득 장식되어 있었다. 운구 행렬은 교회와 마을을 한 바퀴 돌아 교회 묘지로 향했다. 무덤 앞에서 가장 대성통곡한 분은 사모님이셨다. 할머니의 따뜻한 섬김을 가장 많이 받으신 분이기에! 온 교인의 존경을 한 몸에 받으신 할머니는 비록 촌부셨으나 너무 아름다운 여인이셨다. 시대가 그런지라 지난하고 굴곡 많은 삶을 사셨지만, 가장 복된 인생을 사신 분이셨다. 그분은 내게 신앙의 유산과 교회 사랑을 남겨 주셔서 지금까지도 나의 삶에 아슴한 별이 되어 있다. 고향 교회는 제법 꾸준히 성장하며 규모가 다져져 갔다. 그러다가 다시 한번 부흥의 전기를 맞이하게 된다.

우리 동네는 미군 부대 후문과 연결되어 있었다. 그곳에서 카투사로 근무하던 C.C.C. 간사 출신들이 출석할 교회를 찾다가 우리 교회에 정착했다. 아마도 따끈한 사랑방이 있어서 퇴근 후 숙식하며 지내기 좋았기 때문이었으리라…. 물론, 교회 분위기도 나름 괜찮고 잘 섬겨준 덕이기도 하겠지만, 그분들은 어린 내가 보기에도 보기 드문 비전과 열정의 아이콘이었다. 80년대 뜨거웠던 한국 교회의 부흥과 선교 열정들에 고스란히 불붙어 있었다.

"자매님, 평안하십니까?"

지금도 그 카투사(Katusa) 전도사님의 해맑던 얼굴이 잊혀지지가 않는다. 당시 초등학교 6학년 정도였던 어린 나에게 '자매님'이라 불러주는 것도 생경했지만, 내 눈에 그분의 얼굴은 마치 천사의 얼굴을 보는 것 같았다. 얼굴과 목소리에서 기쁨과 평안의 빛이 흘러넘쳤다. '안 전도사님'은 다른 카투사들과 함께 교회 사랑방에서 먹고 자면서, 급격히 교회 문화를 바꿔 나갔다. 만나는 모든 사람들과 함께 "평택 복음화, 민족 복음화, 세계 복음화!"를 외치는 것이 인사였다. 대학생들도 보기 드물었지만, 그토록 평안과 사명감으로 빛나던 얼굴들이 어린 내 눈에 보기에 특별한 건 당연했다.

당시 우리 마을에는 대학교에 진학하는 청년들이 거의 없었다. 동네 오빠들은 시골구석에서 꿈도 희망도 없이 들판으로 몰려다니며 담배나 피고 싸움질이나 하면서 허송세월했다. 그저 부모처럼 농사꾼이 되거나 공장에 취직하는 게 대부분이었다. 그런데 갑자기 나타난 이분들이 이 청소년들을 교회 사랑방으로 불러 모았다. 맛있는 것도 주고, 재미난 세상 이야기들도 해주며, 기타도 가르쳐 주었다. 그리고는 좀 가까워지자 말씀과 비전을 귀에 딱지 앉도록 들려주고, 밤새 붙잡고 울면서 통성으로 기도했다. 동네 중고생들과 청년들이 복음과 사랑의 힘에 감전된 듯 꿈틀거렸다. 유행가나 불러대던 오빠들이 기타를 잡고 찬양을 하기 시작했다. 흐리멍텅한 눈으로 교회에는 연애나 하러 들락거리던 오빠들이 눈빛이 바뀌고 자세가 달라졌다.

교회에 뜨거운 부흥의 시작되었다. 청년들의 텅 빈 가슴엔 신앙의 열정이 단단히 자리 잡아갔다. 확 달라진 청년 교사들에게 말씀을 배우던 어린 내 가슴도 덩달아 뜨거워졌다. 1980년대, 한국 교회의 부흥의 산 역사가 이상한 방법으로 나의 고향, 그 촌구석에서도 용트림을 시작한 것이다. 갈릴리처럼 후미지고 외진 내 고향 마을에도 성령의 강한 임재의 바람이 불어왔다.

초등학생임에도 우린 밤마다 9시경이면, 교회에 옹기종기 모여 같이 찬양을 하고 자연스럽게 흩어져 개인 기도도 했다. 어른 부흥회에도 꼬박 참석하고 금식도 하며 방언의 은사를 사모하기도 했다. 그렇게 나는 초등학교 4학년 때 예수님을 개인적으로 만났다. 그날도 집에서 혼자 기도하는데 내 등 뒤에 예수님이 계심을 느낄 수 있었다. 말로 표현할 수 없는 따스함과 포근함이 나를 감쌌다. '아, 예수님이시구나!' 내 마음에 기쁨이 넘쳤다. 하루 종일 기도해도 힘들지 않았다. 이때부터 나와 주님과의 사랑의 긴 서사가 시작되었다.

무료한 시골구석에서, 교회는 나의 가장 큰 즐거움이자 놀이터였고 학교였다. 재밌는 프로그램과 교사들의 오롯한 사랑을 받던 여름 성경 학교가 끝나면, 돌아가면서도 발걸음이 안 떨어졌다. 아쉬움에 창문을 기웃대던 내 뒷모습이 아직도 눈에 선연

하다. 매년 주교 연합회에서는 성경 고사, 동화 구현, 글짓기, 찬양 대회 등이 열렸다. 교회에 매일 모여 연습하며 비싼 아이스크림콘을 먹던 일들이 지금 아이들에겐 별일 아닐지 몰라도 당시 우리에겐 큰 즐거움이자 유일한 문화적 혜택이었다.

중고등학교 시절, 가을이면 '문학의 밤' 행사를 했다. 신앙시며, 수필 낭독과 중창, 연극 등으로 이어지는 문화 행사는 인근 교회 젊은이들과 불신 학생들까지 초청하여 한바탕 축제가 되었다. 평소에도 학년별로 중창단이 결성되어 늘 찬양을 달고 살았다. 그때는 남학생이 기타를 못 치면 간첩이었다. 그 기타쟁이 오빠들 중의 한 명이 지금도 C.C.M 가수로 활발히 활동하는 '꿈이 있는 자유', 정종원 목사님이시다. 이렇듯 나의 문화적 감수성의 8할은 교회에서 키워졌다고 해도 과언이 아니다.

무엇보다도 가장 큰 변화는 좁은 촌구석에 한정되어 있던 우리의 시야를 민족과 세계 열방까지 확장시켜 주었다는 것이다. 이 부흥의 소문은 인근 마을로도 번졌고 급기야 시내인 평택까지 진출하게 되었다. 대형 시민 회관을 빌려 청소년과 청년들을 위한 부흥 집회를 연 것이다. 이제껏 그런 일을 보지 못했던 평택 교회들이 시골 작은 교회의 도전과 그 폭발성에 놀라워했다. 당시 초등학교 6학년이던 나도 참석했었는데, 시민 회관을 꽉 채운 중·고·청년들의 함성소리와 찬양, 기도 소리의 열기가 아직도 생생히 생각난다. 그야말로 평택 바닥이 뒤집어졌다.

돌이켜 생각해 보면, 그 카투사인 전도사님과 선생님들의 나이는 기껏 20대 중후반이다. 그런데 당시 내 눈에 비친 그들은 이미 영적 거인이었다. 나는 100%로 비전과 열정에 헌신된 사람의 놀라운 능력과 영향력의 크기를 그때 실감했다. 그 전도사님은 나중에 C.C.C 대표 간사가 되어 선교사로 나가셨다. 깡시골의 평범한 교회였지만, 지금은 그 교회 출신 선후배 수십 명이 각국의 선교사로, 목사로, 사모로서 사역자의 삶을 이어가고 있다. 당시 100명의 선교사를 파송하자던 작은 시골 교회의 황당한 꿈이 이루어지고 있는 것이다.

내가 1987년 총신대 신학과에 입학했을 때, 가장 많이 받은 질문이 있다. "어떻게 여학생이 신학과에 진학을 했나?"이다. 지금도 그러하지만, 당시에 신학과 여학생의 진로는 매우 불투명했다. 고등학교 2학년이 되어서 진로에 대해 고민하면서 나는 신학교에 진학하기로 마음을 먹었다. '한 번 사는 인생을 어떻게 하면 가장 잘 살 수 있을까?' 고민하면서, 하나님을 위해 사는 것이 가장 복될 것 같았다. 이는 기특한 생각이었지만, 사실 교회 분위기와도 무관하지 않았다. 내 교회 선배들이 대부분 신학교에 진학했었기 때문이다. 자연스러운 분위기였다. 1980년대는 여러모로 격동의 시기였다. 영적 부흥기였고, 민주화 운동의 전성기였다. 잠자던 시골 청소년들 가슴에 불을 지른 복음의 비전은 꿈도 없고 대학도 못 가던 아이들을 대거 신학교에 입학시켰다. 그리고 지금껏 교회와 하나님의 나라의 역사를 이어오게 하고 있다. 당시의 그 비전은 여전히 현재 진행형이다. 나의 고향, 작은 시골 마을에서 영근 복음의 씨앗들은 전 세계 방방곡곡으로 홀씨 되어 날아가 꽃이 되고 실한 열매가 되고 있다. 또 그 꽃들에서 새로운 꽃씨들이 흩어져 거대한 열방 비전을 이룰 것이다.

그리고 어느 날, 주님의 나라에 이를 때, 우리는 그곳에서 고향처럼 익숙하고 아늑한 얼굴들을 하고 삼삼오오 모여 이야기 꽃이 만발할 것이다. 그곳엔 고향의 그리운 내음이 진동하리라! 그 나라는 우리의 진정한 고향임으로! 나의 작은 영웅들과 나의 롤모델 할머니는 얼굴 가득 인자한 미소를 띠고 나를 맞아 줄 것이다. 뜨겁게 안고 얼굴을 매만지며 토닥여 줄 것이다.

"잘했다 내 아가! 수고했구나. 자랑스럽다!"

고단한 하루를 끝내고 툴툴거리는 버스를 타고서 마을 어귀에 다다를 때, 제일 먼저 눈에 들어오는 고향 교회의 첨탑이 나의 하루의 피곤을 씻어준 것처럼, 그 나라에 이를 때 인생의 무거운 짐을 다 내려놓고 가장 홀가분한 미소를 지을 것이다.

나의 고향, 그 교회는 그렇게 본향과 잇대어 있다. 하나님의 꿈의 동산이자 영적 모판이다. 모내기를 막 끝낸 논의 연둣빛 여린 풀포기들이 긴 뙤약볕 여름을 지나 어느덧 추수할 가을이 되면, 황금빛 일렁이는 낱알들로 가득 채워지듯이 말이다.

이혜정

총신대학교 신학대학원을 졸업(M.Div.)하고
계명대 대학원에서 목회상담학 박사과정을 수료했다.
부산 덕천제일교회에서 담임 목회자로 섬기는
김대환 목사의 아내로 두 명의 자녀를 두고 있다.

하나님이 계시다면 세상이 왜 이런가요?

최현락

해마다 이맘때쯤이면 생각나는 아이들이 있다. 나는 그 아이들을 동아리 봉사 활동을 통해 만났다. 그 시절 신입생이었던 난 호기심도 시도해 보고 싶은 일도 많았다. 입학하고 얼마 되지 않아 수업을 마치고 대학 본관을 지나가는데 그 앞에서 동아리 회원 모집을 하고 있는 사람들이 있었다. 학생들의 관심을 끌고 싶어 하는 그들의 바람과 달리, 사람들은 모집 부스에 눈길조차 주지 않고 그 앞을 지나쳐 가고 있었다. 한산하다 못해 초라해 보이기까지 했던 그 동아리에 관심을 갖게 된 건 우연을 가장한 필연이었으리라 지금은 그렇게 믿고 있다. 일단 나눠주는 동아리 소개지를 덥석 받아들고서 뭐하는 동아리냐고 물었다. 돌아온 대답은 신통치 않았다. 그때 생각에는 선배들도 자신이 뭘 하는지 잘 모르는 듯했다. 그렇게 첫 만남은 깔끔하지 않았다. 그때는 이 삐걱거리는 만남이 가져다 줄 일생일대의 선물을 상상조차 하지 못했다.

설레는 마음으로 시작한 대학 첫 학기에, 나는 자신들이 뭘 하는지는 모르지만 어쨌든 뭘 많이 하는 그런 동아리에 들어갔다. 회원 가입을 하고 얼마 뒤, 병원 봉사를 나갔다. 당시 봉사 활동을 하던 곳은 백혈병과 소아암 치료가 이뤄지는 어린이 병동이었다.

초등학교 무렵 나는 류마티스열이라는 난치병을 앓았다. 초등학교 1학년 가을 운동회가 끝나고 쓰러진 나는 한동안 스스로 걸을 수가 없었다. 머릿속에서는 피가 흐르고 몸은 덥혀진 난로 만큼 뜨거웠다. 어머니는 그런 나를 등에 업고 전국의 병원을 찾아 다니셨다. 아들을 치유하기 위해서라면 어떤 고생도 마다하지 않았던 어머니는 나에게 태산보다 큰 존재였다. 그런 어머니가 한번은 내 앞에서 눈물을 보이셨다. 나를 품에 안으시고 여객선에 올라 병원에 가던 날, 어머니는 두 눈을 뜬 채로 눈물을 주르륵 흘리셨다. 옆 자리에 앉았던 생면부지의 할머니가 젊은 애 엄마가 무슨 일이 있기에 그렇게 서럽게 우느냐며 말을 건네던 장면이 눈에 선하다.

　그런 어머니를 보고 자라 왔기에, 나는 아픈 아이 돌보는 부모의 심정을 누구보다도 잘 안다. 병동에 처음 간 날, 나는 토했다. 병원에 들어서던 순간 코끝을 자극하는 약품 냄새가 어린 시절의 공포와 뒤섞여 나를 패닉 상태로 몰고 갔다. 그렇게 공포와 함께 옛 기억이 떠올랐다. 발병하고 나서 나와 어머니는 이 병원 저 병원을 전전하다가 지방의 한 대형 병원에 안착했다. 그곳만이 유일하게 치료의 가능성을 제시했기 때문이다. 한 달에 한 번 검사를 받고 무지막지한 주사를 맞았다. 치료는 고통스러웠다. 오른손 팔목에 치료제가 담긴 주사 바늘로 상처를 낸 후 반응을 보고 이상이 없을 때 본격적인 치료제를 투여했다. 보통 주사기보다 대여섯 배는 커 보이는 주사기를 수십 초 동안 엉덩이에 꽂고 약물을 주입했다. 허리가 욱신거리고 엉덩이는 타들어가는 듯 아팠다. 또래보다 참을성이 많다는 칭찬을 받던 나도 고통이 한계에 이르러 견디기 힘들어지면 몸부림을 치곤했다. 그렇게 고통스러워 몸을 비틀어대면 주사를 제대로 놓을 수 없으니 곁에 있던 의료진들과 어머니가 내 온 몸을 붙들었다. 내 등을 감싸고 부들부들 떨던 어머니의 떨림을 내 피부는 기억하고 있다.

　어린이 병동에는 나와 같은 고통을 겪고 있는 아이들과 내

어머니와 같은 떨림을 간직한 그 아이들의 어머니들이 있었다. 항암 치료로 머리털이 하나도 남지 않은 아이들은 휠체어에 의지해 앉아 있었고 또 어떤 아이들은 링거를 몇 개씩이나 꽂은 채로 우리들을 기다리고 있었다. 아이들 곁을 지키고 있는 어머니들이 아이들보다 더 아파 보였다. 아픈 아이를 돌보는 부모들은 벌써 여러 해 동안 그렇게 자신과 아이들의 고통에 직면해 있었다. 오랜 전투에 지친 병사들 마냥 어머니들은 축 쳐진 어깨로 우리를 맞이했다. 어린이 병동에서 나는 어린 시절의 나와 나를 돌보던 어머니를 마주하는 심정이었다. 잊고 싶은 기억이 강제로 소환되었기에, 나는 매번 병원 봉사에 빠질 궁리를 하느라 밤잠을 설치곤 했다. 하지만, 날이 새면 병원 정문에 제일 먼저 와 있는 건 나였다. 선배들은 그런 나를 놀리곤 했다. 싫지 않은 놀림이었다. 병원 봉사를 가기 전날 밤은 고통에 몸부림을 쳤지만, 다음날 아이들을 만나면 천국이 따로 없었다. 나는 진심으로 아이들을 사랑했고 아이들도 그걸 알았다. 이제야 그 아이들을 알게 된 것이 후회스럽고, 나의 입학과 봉사가 늦어진 것을 원망할 만큼 아이들과의 시간은 너무도 빠르게 흘러갔다. 아이들은 남들보다 몇 배나 빠른 인생을 살았고, 그렇게 한 아이 두 아이 하나님의 부르심을 받았다. 준비할 시간도 없이 주어진 긴 이별 탓에 상실의 고통은 감당하기 어려웠다.

대학 입학 후 첫 번째로 맞이하는 성탄절을 앞두고 병동에 가자는 연락을 받았다. 하지만 성탄절까지 봉사라는 이름으로 아이들을 만나고 싶지는 않았다. 갈까 말까 망설이다가 제일 늦게 병동에 도착했다. 병동에 들어서자 평소에 나에게 제일 얄밉게 굴던 녀석이 '메리 크리스마스'라며 불쑥 성탄 카드를 내밀었다. 삐뚤삐뚤 커다란 글씨로 "나랑 놀아줘서 고마워. 형, 메리크리스마스!"라고 적혀 있었다. 아이의 어머니는 아이가 링거를 세 개나 맞을 정도로 기운이 없어 손가락 사이에 크레파스를 끼고 하루에 한 글자씩 써서 카드를 완성했노라고 아이의 수고를 전해 줬다. 지금도 난 그 카드를 간직하고 있다. 링거 병을 세 개나 꽂고 휠체어에 앉아 있는 아이의 모습이 지금도 생생하다. 그렇게 나에 손에 성탄 카드를 쥐어 준 나의 작은 친구는 그해 주님의 부르심을 받았다.

아이들의 장례식에 가는 일은 그 당시 적응되지 않는 일상이었다. 나를 소포로 보내달라며 주위 사람을 웃게 했던 병동의 한 아이는, 내가 중환자실에 문병을 가자 진짜 배달이 왔다며 환하게 웃었다. 같이 농담을 하다가 끝내 울음이 터졌다. 미안하다고 울먹이던 나에게 형은 울보라며 놀리던 아이의 환한 미소가 그립다. 아이가 하나님의 부르심을 받던 날 아이의 어머니는 울지 않았다. 눈망울에는 눈물이 그렁거렸지만 끝내 눈물을 흘리지는 않았다. 눈물을 참고 있는 이유를 궁금해 하는 우리의 마음을 알아차리셨는지 아이 어머니는 우리에게 아이가 했던 얘기를 들려줬다.

"엄마 나 하늘나라 가도 울지 마. 엄마가 울면 사람들이 나 안 좋은 곳에 간 줄 알잖아. 나 좋은 곳에 가니까 웃어. 엄마가 웃었으면 좋겠어."

아이의 말을 전하는 엄마는 울지 않았지만 우리는 모두 울었다. 그건 아이를 떠나보낸 슬픔이자, 언젠가 우리도 좋은 곳에서 아이를 만날 거라는 기대로 가득 찬 기쁨의 눈물이었다.

그렇게 세월이 흘러 나는 아이들이 살아 있다면 도달했을 그 나이 또래의 청년들을 지도하는 목회자가 되었다. 설교 준비에 여념이 없던 햇살 좋은 어느 날, 내게 전화 한 통이 왔다. 조혈모세포 은행이라는 곳에서 골수 기증을 해 줄 수 있느냐는 부탁의 전화였다. 그 시절 어떻게든 아이들을 살려보려고 골수 기증 신청을 했고 십수 년의 세월이 흘러 이제야 그 짝을 만나 나에게 기회가 온 것이다. 나는 두말할 것 없이 기증 의사를 밝혔다. 30만 분의 1의 확률로 이루어진 이 기회를 놓칠 수는 없지 않은 가!

그러나 나는 예상하지 못한 어머니의 반대에 부딪혔다. 당시

골수 기증이 무엇인지 이해하지 못하셨던 어머니는, 아들이 전신 마취를 하고 몸에서 무언가를 빼내어 남에게 주어야 한다는 말을 듣고 아연실색하셨다. 이제 겨우 건강해져 사역을 하고 있는 아들인데, 그런 아들이 걱정되셨던 어머니의 심정을 어찌 모를까. 하지만 내가 골수 기증을 포기해 만약 한 생명이 죽는다면, 한 영혼을 살리기 위한 이 복음 사역을 앞으로 어떻게 감당할 수 있겠냐며 배수의 진을 쳤다. 며칠을 울며 기도하시던 어머니는 골수 기증을 허락하셨고 나의 병실 수발도 자청하셨다.

골수 기증을 하던 날 나는 극진한 대우를 받았다. 국내 최고의 시설을 갖춘 병원의 특실에 입원한 나는 병실에 들리는 모든 의료진에게 감사 인사를 받았다. 그 당시만 해도 기증자가 많지 않아, 의료진들은 기증자들에게 그야말로 영웅 대접을 해줬다. 심지어 내가 목회자라는 사실이 알려지자 내 얼굴을 보려고 일부러 찾아오는 의료진도 있었다. 그중에 한 간호사 선생님이 질문이 있다며 내 병실을 방문했다.

사연을 들어보니 그분이 근무하는 곳은 특별 환자들이 머무는 VIP 병동이었다. 그곳의 특별 환자들 중에는 의료진들을 난처하게 만드는 사람들이 더러 있던 모양이었다. 의료진들을 마치 자신의 종인 양 함부로 대하며 괴롭히는 특별 환자들 때문에 한동안 가슴앓이가 심했다고 했다. 그런 한편, 아래층 공동 병

실에서 치료를 받는 사람들은 천사처럼 착한데도 병원비가 없
어 치료를 중단할 위기에 놓여 있다며 한탄했다.

"목사님, 하나님이 계시다면 세상이 왜 이런 가요?"

나를 곤란하게 할 의도가 엿보이거나 따지는 말투는 전혀 아
니었다. 그것은 차라리 기도에 가까운 물음이었다. 저 기도에
응답하실 분은 하나님 밖에 없음을 고백하는 심정으로 하나님
께 말씀을 구했다. 참으로 그 어떤 강단보다 두렵고 떨릴 수밖
에 없었다. 나는 짧고 간절한 기도를 올렸다.

'주여, 내 입술로 당신의 말씀을 대언하게 하소서! 지혜를 주
소서!'

"선생님, 저도 세상이 왜 이런지 모르겠네요. 그만큼 이해할
수 없는 일들이 벌어지는 세상입니다. 하지만 이 한 가지 사실
은 알고 있습니다. 지금 이 세상이 전부가 아니란 사실 말입니
다. 이 악한 세상이 지나가고 예수 그리스도께서 왕으로 통치하
시는 세상이 옵니다. 그때가 되면 하나님이 수간호사가 되시고
하나님이 병원장이 되시고 하나님이 왕이 되십니다. 그분이 제
대로 다스려 주시는 세상이 옵니다."

어디서 그런 힘이 나왔는지 나는 이 땅에 임하는 하나님 나
라를 간호사 선생님께 웅변했다. 예배당에 한 번도 가본 적이
없다던 간호사 선생님은 나의 말을 듣고 눈빛이 초롱초롱해지

더니 알아듣겠다는 듯이 고개를 끄덕였다.

"목사님, 골수 기증해 주셔서 감사해요. 우리 의료진들 중에 간혹 맞는 분들도 있지만, 쉽게 기증 결정은 못하더라고요. 기증해 주셔서 감사합니다."

내가 골수를 기증할 아이는 초등학생이라고 했다. 더 이상의 정보는 제공받지 못했다. 하지만 난 그걸로 족했다. 내게 있어서 그 아이는 지난 시절 내가 병동에서 만난 아이들과 다를 바 없었다. 난 그 아이들에게 내 생명을 나누고 싶었고 이제야 그 짝을 만났을 뿐이다. 그 어딘가에서 살고 있을 아이에게 이 기회를 빌려 감사 인사를 전하고 싶다.

"내 안에 생명이 있음을 깨닫게 해 줘서 고마워! 건강하고 복되게 살아다오."

최현락

총신대와 총신신대학원에서 신학을, 가톨릭대학교 상담심리대학원에서 상담심리를 공부했다. 역삼청년교회를 개척했고 교회개척숲을 통해 개척 목회자를 섬겼다. 느헤미야교회협의회 안수위원과 1010센터 센터장으로 지역사회와 교회를 섬기고 있다.